世紀人物100

愛冒險的酷文豪

海明威

姚嘉為　著

三民書局

獻給孩子們的禮物

主編的話

　　世界上最幸福的孩子，是他們一出生就有機會接近故事書，想想看，那些書中的人物，不論古今中外都來到了眼前，與他們相識，不僅分享了各個人物生活中的點滴，孩子們的想像力也隨著書中的故事情節飛翔。

　　不論世界如何演變，科技如何發達，孩子一世幸福的起源，仍然來自於父母的影響，如果每一個孩子都能從小在父母親的懷抱中，傾聽故事，共享閱讀之樂，長大後養成了閱讀習慣，這將是一生中享用不盡的財富。

　　三民書局的劉振強董事長，想必也是一位深信讀書是人生最大財富的人，在讀書人口往下滑落的多元化時代，他仍然堅信讀書的重要，近年來，更不計成本，連續出版了特別為孩子們策劃的兒童文學叢書，從「文學家」、「藝術家」、「音樂家」、「影響世界的人」系列到「童話小天地」、「第一次」系列，至今已出版了近百本，這僅是由筆者主編出版的部分叢書而已，若包括其他兒童詩集及套書，三民書局已出版不下千百種的兒童讀物。

　　劉董事長也時常感念著，在他困苦貧窮的青少年時期，是書使他堅強向上，在社會普遍困苦，而生活簡陋的年代，也是書成了他最好的良伴，他希望在他的有生之年，分享這份資產，讓下一代可以充分使用，讓親子共讀的親情，源遠流長。

　　「世紀人物100」系列早就在他的關切中構思著，希望能出版孩子們喜歡而且一生難忘的好書。近年來筆者放下一切寫作，接下這份主編重任，並結合海內外有心兒童文學的作者共同為下一代效力，正是感動於劉董事長致

力文化大業的真誠之心，更欣喜許多志同道合的朋友，能與我一起為孩子們寫書。

「世紀人物100」系列規劃出版一百位人物故事，中外各占五十人，包括了在歷史上有關文學、藝術、人文、政治與科學等各行各業有貢獻的人物故事，邀請國內外兒童文學領域專業的學者、作家同心協力編寫，費時多年，分梯次出版。在越來越多元化的世界中，每個人都有各自的才華與潛力，每個朝代也都有其可歌可泣的故事，但是在故事背後所具有的一個共同點，就是每個傳主在困苦中不屈不撓，令人難忘的經歷，這些經歷經由各作者用心博覽有關資料，再三推敲求證，再以文學之筆，寫出了有趣而感人的故事。

西諺有云：「世界因有各式各樣不同的人群，才更加多采多姿。」這套書就是以「人」的故事為主旨，不刻意美化傳主，以每一位傳主的生活經歷為主軸，深入描寫他們成長的環境、家庭教育與童年生活，深入探索是什麼因素造成了他們與眾不同？是什麼力量驅動了他們鍥而不捨的毅力？以日常生活中的小故事，來描繪出這些人物，為什麼能使夢想成真。為了引起小讀者的興趣，特別著重在各傳主的童年生活描述，希望能引起共鳴。尤其在閱讀這些作品時，能於心領神會中得到靈感。

和一般從外文翻譯出來的偉人傳記所不同的是，此套書的特色是，由熟悉兒童文學又關心教育的作者用心收集資料，用有趣的故事，融入知識，並以文學之筆，深入淺出寫出適合小朋友與大朋友閱讀的人物傳記。在探討每位人物的內在心理因素之餘，也希望讀者從閱讀中，能激勵出個人內在的潛力和夢想。我相信每個孩子在年少時都會發呆做夢，在他們發呆和做夢的同時，書是他們最私密的好友，在閱讀中，沒有批判和譏諷，卻可隨書中的主

人翁，海闊天空一起遨遊，或狂想或計劃，而成為心靈知交，不僅留下年少時，從閱讀中得到的神交良伴（一個回憶），如果能兩代共讀，讀後一起討論，綿綿相傳，留下共同回憶，何嘗不是一幅幸福的親子圖？

2006 年，我們升格成為祖字輩，有一位朋友提了滿滿兩袋的童書相送，一袋給新科父母，一袋給我們。老友是美國國家科學院院士，曾擔任過全美閱讀評估諮議委員，也是一位慈愛的好爺爺，深信閱讀對人生的重要。他很感性的說：「不要以為娃娃聽不懂故事，我的孫兒們一出生就聽我們唸故事書，長大後不僅愛讀書而且想像力豐富，尤其是文字表達能力特別強。」我完全同意，並欣然接受那兩袋最珍貴的禮物。

因為我們同樣都是愛讀書、也深得讀書之樂的人。

謹以此套「世紀人物 100」叢書送給所有愛讀書的孩子和家庭，以及我們的孫兒——石開文，他們都是世界上最幸福的孩子，因為從小有書為伴，與愛同行。

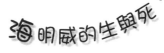

海明威的生與死

海明威成為世紀人物，主要是他的文學成就。

他運用簡潔有力的文字，呈現豐富的涵意，留給讀者思考回味的空間，這種手法和技巧，成為許多人模仿的對象，他因此得到諾貝爾文學獎的肯定。

由於他作家兼冒險家的身分，因此常成為報章雜誌報導的新聞人物，沒有哪個作家比他更喜愛勇猛冒險的戶外運動了。他會打拳，酷愛觀賞西班牙的鬥牛比賽。他熱愛釣魚和打獵，兩樣都技術超群，但是他不滿足於在岸邊和溪流中釣魚，要到深海上去釣大魚，因此經常有機會釣到三百磅大的魚。他的槍法很準，但他不滿足於打鳥類和麋鹿，而要跑到非洲去好幾個月，專門打獅子、老虎、斑馬、犀牛等體積大而且極端危險的野獸。

他的冒險活動還包括參與那個時代所有的大型戰爭，包括第一次世界大戰、西班牙內戰、中日戰爭和第二次世界大戰。他對戰爭十分著迷，每次都千方百計的要到現場參與，他開過救護車，受過傷，當過記者，後來更隨著部隊參與戰鬥，彷彿情況越危險，他就越過癮。他的一生，實在是高潮迭起，多彩多姿。

但是看完了他的故事，我們都會體認到，寫作才是他生命的意義所在，是一生中最重要的事。年輕時，他一文不名，跑到巴黎去追尋寫作夢，即使貧窮也不改其志。他希望寫出感受最深和最熟悉的東西，所以他的作品都是以他親身經歷的戰爭和冒險運動當作背景，以周圍的人物為藍本，加上自己的想像創造出來的。他時時刻刻把寫作放在心上，把一天最好的早晨時光，

用來專心寫作。他出外旅行時，一定隨身帶著稿件，以便隨時修改。他力求完美，一本書完成前，修改的次數有時候竟多達百次。他寫別人沒寫過或者寫得不夠好的題材，每次一定和從前不同，早期他和別人比，希望超越他人，後來他和自己比，希望超越自己。

我甚至認為他那些熱熱鬧鬧的冒險活動，也都是為了寫作。他用文學家的想像力和創造力，把這些不平凡的親身經驗寫進作品中，才會那麼特別，那麼深刻。我們可以從他的作品和戶外冒險運動中，認識他的性格：勇敢、喜愛冒險、好勝心強、格局大，一旦認定目標，一定排除萬難，全力以赴。

他給我們的啟示是，人生應該有夢，只要全力以赴，美夢總能實現。

寫 書 的 人

姚嘉為

從小就喜歡閱讀和寫作，大學時進入臺大外文系念書，在老師的介紹引導下，開始懂得如何欣賞偉大的文學作品，其中便包括海明威的短篇小說。後來到美國留學，在明尼蘇達大學拿到大眾傳播碩士，後來又在休士頓大學拿到電腦碩士，目前在美國一家石油公司從事電腦工作。

雖然改行了，但還是忘不了對文學的喜愛，一有空時便拿起筆來寫作，出版了幾本書，包括散文集《湖畔秋深了》、《深情不留白》、《放風箏的手》，童書《震撼舞臺的人——戲說莎士比亞》、《會走動的百科全書——聽亞里斯多德說天道地》。曾獲梁實秋文學獎、《中央日報》海外華文創作散文獎，以及世界華文作家協會散文獎等獎項。

愛冒險的酷文豪

海明威

世紀人物
100

海明威

1899～1961

1 我什麼都不怕

　　1899 年 7 月，美國文豪海明威在伊利諾州的橡樹園外公家裡出生，是家中第一個男孩，取名為恩尼。他排行老二，上有一個姐姐，下有三個妹妹和一個弟弟，都是父親海明威醫生親自接生的。

　　在他出生的二十多年前，科技發明開始起飛，首先是 1876 年貝爾發明了電話，三年後愛迪生發明了電燈，然後是汽車內燃機的出現，電影的試放。海明威四歲時，萊特兄弟第一次嘗試飛行，兩年後，愛因斯坦發表相對論。科技的發展大大造福了人類的生活。

　　19 世紀末期的美國還很少參與國際事務，常被歐洲人取笑為鄉巴佬。直到 1898 年古巴起來反

抗西班牙的統治，美國人民呼籲政府干涉，結果美國政府向西班牙宣戰，而且輕易打了勝仗，把關島、波多黎各、菲律賓和夏威夷從西班牙手中接收過來，擴張了領土。1901年，老羅斯福當選總統後，對內從事社會和經濟改革，對外加強軍事力量，把歐洲勢力從中南美洲趕走，取得了開鑿巴拿馬運河的權利，從此開始邁向世界政治舞臺。

海明威出生的橡樹園在美國中西部，芝加哥市郊外，是典型的中上階級住宅區，人們有虔誠的宗教信仰，商店不賣酒，星期天戲院不開門。社區裡有很好的學校，到處是教堂，婦女結婚後都在家裡當家庭主婦，她們衣著和思想一樣保守，連到海灘去遊玩都穿著長裙，戴著漂亮的帽子，穿著高跟皮鞋呢！

他們全家都住在外公家裡，那

是一棟維多利亞式的建築，尖尖的屋頂上有一間閣樓。那時候，電話還不普遍，但是他們家中卻有電話，這大概和海明威爸爸的工作有關係。海明威醫生在家中有一間診療室，常有病人來看病，他也常坐馬車到病人家裡看病。有空時，他常常到閣樓上一間小房間裡去，小海明威注意到了，他很好奇：「爸爸究竟在裡面幹什麼呀？」

有一天，他咚咚咚的爬上閣樓去，推開門一看，哇！太恐怖了，迎面一個骷髏，滿屋子藥水味道，架子和桌子上擺了許多動物標本，還有一些瓶瓶罐罐，裡面裝著稀奇古怪的東西，漂浮在水中。爸爸看到他那吃驚的模樣，便笑著招手要他進去，說：「別怕，這是人身體上的器官，我研究它們，才能醫治更多的人。救人性命是一項很神聖的工

作，你長大了，要不要也當醫生？」小海明威搖搖頭，大聲說道：「不要，我要當兵去打仗！」海明威醫生笑了，他這兒子生性好動，一天到晚和玩伴玩打仗的遊戲，總是當隊長，下命令，往往玩得全身沾滿泥巴的回家。小海明威卻是認真的，長大後他要去前線打仗，這可比當醫生有趣多了。

他喜歡用積木疊成炮臺和大炮，玩打仗的遊戲，他也收集許多和戰爭有關的連環圖片，幻想著戰爭的場面。他的祖父和外公都參加過南北戰爭，他聽大人說外公當時在志願騎兵營當兵，大腿中過彈，腿中還有殘存的彈片呢！雖然外公很少提這件事，但是他卻把外公當英雄看，後來他長大了，也喜歡閱讀關於南北戰爭的書，希望對當時的情況有進一步的了解。

　　美國的南北戰爭發生在 1861
年至 1865 年，是美國南方與北方
為了解放黑奴而發生的內戰。當
時北方主張禁止奴隸制度，南方
則主張把奴隸制度擴張到全國。
南方人口九百一十萬，其中三分
之一是從非洲運來的黑奴。這場
戰爭最主要導因於 1860 年時，北
方伊利諾州的林肯當選總統後，
南方各州便紛紛脫離聯邦政府，
自行成立南方同盟政府，林肯發
布命令討伐，內戰就此爆發。海
明威的祖父和外公都是伊利諾州
人，屬於北軍，為了解放黑奴而
上戰場。

　　北方雖然人口有二千多萬，
而且工業發達，還有鐵路網和豐
富的糧食，但是南方的軍隊和裝
備比較精良，最初的戰爭中，北
軍接二連三的敗退。 1862 年，林
肯發表解放奴隸的宣言，黑奴紛
紛逃往北方，有的還參加北軍幫

忙作戰。南方的經濟以農場為主，一向倚賴黑奴的勞力，黑奴紛紛逃亡後，經濟開始衰退，加上林肯任命優秀的將領主導作戰，情況逐漸扭轉過來。到了1865年，北方終於獲勝，黑奴得到解放，美國恢復統一，經濟、科技、教育、政治、外交都在穩定中飛速發展，小海明威就在這樣的外在環境中成長。而在家中，他則是備受呵護，富於想像力的個性逐漸顯露出來。

　　五歲那年，有一天小海明威從外面回來，跑得上氣不接下氣，衝進外公的房間，叫著：「外公，外公！我剛剛馴服了一匹好兇好兇的馬喔！」外公嚇了一跳，看了看他：小海明威留著荷蘭式的男童髮型，長長的垂到耳邊，頰上兩個小酒窩，穿著筆挺的小西裝，這樣一個文雅的小男孩，哪有這麼大的力氣和本事去馴服

馬呀？看他的樣子好好的，沒受傷，外公笑咪咪的聽下去。

只聽小海明威說：「我在路上看到一匹馬，脫開了韁繩，到處亂跑，好兇啊，沒有人敢去抓牠，可是我一點也不怕，走過去摸摸牠的腿肚子，跟牠輕輕說話，要牠乖一點，牠看了我一眼，停下不跑了，我就牽著牠到馬廄裡去了。」他比手畫腳，說得生動極了。

外公後來告訴女兒葛麗絲這件事，說：「妳這兒子將來一定有出息，不管他是不是編造故事，他有本事說得像真的一樣，妳一定要好好管教他，讓他走正路，要是走上歪路，那可是免不了要坐牢的。」小海明威常來找外公玩，他愛編故事，外公總是笑咪咪的聽著，誇獎他，可惜不久後，外公生病去世了。

外公留下一筆遺產，海明威

醫生就在附近又蓋了一座新房子，裡面有八間臥室、一間大音樂室，外面則有陽臺。海明威的媽媽在這裡教音樂，舉辦音樂會。房子的另一邊還有一間診所，海明威醫生就在這裡看診。

海明威的媽媽葛麗絲是個演唱家，經常應邀到外面去演唱，每天她都要在音樂室裡練唱。孩子們都知道，音樂室的門關住時，最好不要去吵媽媽。媽媽告訴過他們：「我年輕的時候，本來可以到大都會歌劇院當歌劇演唱家的，但是因為小時候生過一場大病，眼睛受不了舞臺的強光，所以就放棄了。但是，我要繼續練唱，保持水準，這對我來說是很重要的事。」

除了練唱外，她也練琴，她是無師自通學會鋼琴的：「我小時候生了大病，發高燒，有六個月的時間，視力不清楚，只好天天

待在家裡，日子真是無聊啊！所以我就自己教自己彈鋼琴，打發時間。」聽得小海明威一愣一愣的，媽媽真了不起，換成是他，可沒這麼大的耐性學樂器。

新房子的音樂室很大，是專為媽媽在家中教鋼琴和聲樂設計的，她常在這裡舉辦學生音樂會。那個時代，女人結了婚，都得乖乖的當家庭主婦，海明威的媽媽卻不一樣，她不喜歡煮飯打掃，寧可花錢請人來做家事，她要把時間用在音樂上面。她還會寫歌詞和作曲，有時候小海明威半夜聽到鋼琴聲，他知道一定是媽媽又在作曲了，她說靈感來了，如果不在鋼琴上試彈，第二天就忘光了。

媽媽這麼喜愛音樂，她要一家中每個孩子都學一樣樂器，規定他們每天練習。姐姐馬莎學小提琴，小海明威學大提琴，妹妹桑

妮學豎琴，簡直可以組成一個室內樂團了。可是小海明威一點也不喜歡練琴，但又怕媽媽生氣，他就藏起一本小說，帶到音樂室裡，關上門，一邊假裝拉大提琴，一邊偷看小說。

海明威的媽媽是女中英豪，個性外向，家中大小活動和宴會都是由她負責籌辦。她精力充沛，走進任何場所，人人都會立刻注意到她。她十二歲時，曾經穿上哥哥的長褲，騎上當時最流行的腳踏車，到街上去玩。腳踏車的前輪高得嚇人，卻難不倒她。海明威小時候，她就常常教他喊口號似的：「我什麼都不怕！」海明威的個性像媽媽，好強、有創意，天不怕地不怕！可是，海明威更喜歡爸爸，爸爸是他心目中的英雄。

爸爸閒暇時，喜歡戶外活動，他是釣魚和打獵的高手，擁

有好幾把獵槍，每次打獵時，不論是天上的飛鳥，還是地上的野獸，常常都是一槍命中。此時，小海明威若是在場，一定會在旁邊歡呼，並且跑著去拾取獵物。爸爸也教他和姐妹們打獵，所以他們都會使用空氣槍射殺鳥類。但是爸爸一再強調，打獵是為了食用，不可以濫殺動物。有一次，海明威和朋友殺了一隻豪豬，結果爸爸硬是逼著他們煮熟了吃下去。豪豬又硬又難吃，從此，海明威再也不敢亂殺動物了。

海明威在兩歲的時候，便開始跟著爸爸划船去釣魚，三歲時他有了自己的釣魚竿，煞有其事的站在湖邊釣魚。爸爸會的東西可多了，他常帶著兒女們到野外去，教他們砍柴、製作水果罐頭和蠟燭，或到農場摘取水果。如果哪天他們在森林裡迷路了，也

有生存的本事。

　　海明威從四歲起，每年春天的週末，就會跟著爸爸和一群年輕人到野外去健行。這是海明威醫生組織的自然俱樂部，每年春天，他帶著二十多個年輕人沿著河流步行，教他們認識花草樹木、蟲魚鳥獸、狐狸的洞穴、土撥鼠的地洞。最好玩的是，他教他們挖出地下的野洋蔥，抖掉泥土，夾在麵包中吃，說這是天下最好吃的三明治，當然，信不信由你！

　　海明威醫生是個志向遠大的人，認為人生在世，對社會要有貢獻，要為人群服務，所以他成立自然俱樂部，也常到孤兒院為孤兒們免費看病。他以身作則，希望兒女們將來也能對社會有貢獻。他有很高的道德標準，喜歡過簡單的生活，對孩子管教嚴格，規定他們不准打牌、跳舞、

喝酒，星期天不能出外玩耍或拜訪朋友。孩子若不聽話是要挨打的，還得下跪祈求上帝饒恕。

每年夏天是海明威最盼望的季節，學校放假了，他們一家人會到密西根北部華倫湖邊住上兩個月。小海明威出生那年，他的父母在這裡買了一棟木屋，取名為溫德密爾，後來又買下湖對岸的一個農場，還有一艘印地安人的獨木舟。炎熱的夏天裡，有時他們全家會在湖裡游泳，划船到湖上釣魚，回家後把魚煮熟了，一家人在陽臺上大吃一頓。有時則到樹林中去，用空氣槍打獵，或者是到農場砍柴和摘水果。晴天的夜裡，星斗滿天，湖風吹來，涼爽無比，海明威就在後院搭個帳棚，躲在蚊帳裡點燈看恐怖小說，然後沉沉睡去。

華倫湖邊有一座茂密的森林，散落著一些渥太華印地安人

的房子，周圍有許多伐木場，不時傳來伐木叮叮咚咚的聲音，不少印地安男子在那裡工作。印地安婦女則替遊客洗衣服，兜售一些自己編織的籃子和手工藝品，或者挑著野地摘來的野草莓到附近人家的門口來賣。

海明威的爸爸希望他從日常生活中學習，所以海明威經常跟著爸爸到伐木場附近去替人看病，因而知道不少印地安人的真實故事。

有一天夜裡，海明威的爸爸被人叫醒，要他到湖的對岸去，因為那裡有一位印地安婦女難產，已經一天一夜了，嬰兒還是生不出來。海明威跟著爸爸一起坐船過去，到了那裡，婦人痛苦的喊叫聲真是悽慘極了，附近的人都受不了，紛紛跑到別的地方躲起來，只剩下她的丈夫躺在上舖，痛苦得默不出聲。在海明威

醫生的協助下，婦人終於將孩子生下了，在嬰兒嘹亮的哭聲中，伴隨著「滴—答—滴—答—」的滴水聲音，此時他們才發現，原來婦人的丈夫因為受不了太太生產的痛苦，已經割腕自殺死了。這個經驗讓海明威畢生難忘，後來他還據此寫成了短篇故事〈印地安人營〉。

在農場還發生過另一件事。有一次，他殺了一隻藍色蒼鷺，這種鳥屬於被保護的生物，是禁止射殺的。他不小心把蒼鷺留在船上，上岸去吃午飯，結果被一個年輕人發現了。這人質問他，海明威卻否認:「這隻蒼鷺不是我殺的，是我撿到的。」但是他身上帶著獵槍，沒有人相信他。當地保護生物協會的警長到他家中去找他，被海明威的媽媽趕走了，而海明威早就躲到舅舅家中去了。後來還是他爸爸出面，勸他

出來認罪，罰款了事。這段被人追捕的逃亡經驗，海明威後來寫成〈最後一片淨土〉這個短篇故事。

時間過得很快，海明威上高中了，他喜歡運動，希望像爸爸一樣進入足球校隊，但是他的動作不夠靈活，沒能選上。他的功課不錯，英文和歷史最好，作文常被老師拿來在課堂上朗誦，他受到鼓勵，開始喜歡寫作，包括替校刊寫體育新聞和校聞，也寫點小故事，在學校裡算是風雲人物。他去學拳擊，打得不錯，有一次被人打到左眼，導致視力受損，後來他想去從軍，就是因為左眼視力不合格，而沒能如願。

海明威高中快畢業時，父母希望他去上大學，但是他卻沒興趣，他想去當兵打仗。那是 1917 年，美國已經加入第一次世界大戰，父母反對他去打仗，因為他

太年輕了，怕他毛毛躁躁的，容易遇到危險，既然他想當作家，海明威醫生就寫信給他弟弟，要他幫忙找個和寫作有關的工作。由於許多男子都到前線打仗去了，工作機會不少，不久，海明威的叔叔就替他找到了《堪薩斯明星報》的實習記者工作。

那年十月，海明威懷著興奮的心情走進《堪薩斯明星報》的辦公室。這是他盼望已久的工作，薪水雖然不高，但是當記者讓他可以看到很多社會上發生的事，最重要的是，這是一個跟寫作有關的工作，他可以好好磨練自己的文筆。

《堪薩斯明星報》的辦公室是一個長長的大房間，所有的記者、編輯都集中在這裡一起工作，電話鈴聲不停的響，打字機答答答，電訊傳播機滴滴滴，外地的消息傳進來，變成報上的新

聞出去。記者們匆匆忙忙從外面採訪回來，在打字機前寫稿，寫完後和編輯討論內容，編輯忙著排版，定標題，這裡總是鬧哄哄的，充滿行動和活力，海明威立刻愛上這份工作了。

《堪薩斯明星報》的主編接見他，跟他說：「你剛剛開始當記者，我想派你每天到三個地方採訪新聞：警察局、火車站和醫院，因為這些地方經常有事情發生，你可以去詢問，然後忠實的記下來，這就是新聞。」這很對他的胃口，因為他是個行動派，哪裡有事情發生，他就希望趕到那裡去參加，看個明白。

他向主編請教：「新聞報導有什麼寫作的祕訣呢？怎樣寫才寫得好呢？」

主編看了他一眼，點頭讚許道：「我很高興你提出這個問題。我正準備送你一本《堪薩斯明星

報》的記者寫作手冊，裡面有一百多條祕訣。別嚇住，歸納起來，寫新聞最重要的是，第一段一定要短，要能抓住讀者的注意力，全篇的句子都要簡短有力，千萬不要囉囉唆唆的，可是也不能失去平順。語氣要正面，不要負面。你每次寫新聞，只要參考這本手冊，一定會進步的！」

此後，海明威變得很認真，每次寫新聞，除了參考這本手冊外，還會向其他記者、編輯虛心請教，漸漸學會了觀察人、事、物，培養出在很短的時間內，用精簡、直接、有力的文字，報導新聞細節的能力。後來他成為家喻戶曉的作家，主要就是以緊湊而簡潔有力的文字出名的。他常常說，他很感謝《堪薩斯明星報》給了他最好的文字訓練。但是他心中還是渴望能到前線去打仗。

這年他十八歲，還是個大孩子，喜歡交朋友，愛熱鬧，不久就認識了一批記者和作家朋友，大家常常一起喝酒聊天。有一天大家閒聊的時候，海明威嘆了一口氣，說道：「我希望到前線去，可是左眼視力不好，被刷了下來，看來我這輩子沒機會上戰場了，真是令人喪氣！」

這時有位記者接腔了：「誰說你沒機會？」

海明威聽了，抬眼望過去，注意到那人一隻眼睛是瞎的，他半疑半信的問道：「這話怎講？」

那位記者說：「你問對人了，我雖然一隻眼睛瞎了，卻到過戰場，我不是去打仗，是去開救護車。你想去前線，如果不是非打仗不可，願意當義工，像開救護車之類的，事情就好辦了。我自己還想再去，我們一起去向紅十字會申請，分發到海外工作吧！」

　　海明威高興得跳起來，和他猛握手，連聲道謝。

　　1918 年 4 月，他們向紅十字會提出的申請果然通過了，5 月就被派往歐洲。他們搭船先到法國，再轉往義大利北部的米蘭，最後到了西奧戰區。這時距離第一次世界大戰結束只有四個月了。對海明威而言，這是他生命中極重要的一步，不但童年當兵打仗的夢想成真，戰場的經歷更成為他重要作品中永恆的主題。

2 到義大利，
開救護車去！

　　1914 年第一次世界大戰爆發
了，總共持續了四年，戰場在歐
洲，這是近代戰爭史上第一場大
規模的戰爭。戰爭的導火線是奧
匈帝國的王儲斐南度大公在塞爾
維亞被暗殺，其實，真正的原因
是歐洲各國的軍力擴張，彼此爭
奪殖民地，戰爭早就蓄勢待發
了，只差一個藉口而已。

　　在德國的支持下，奧匈帝國
向塞爾維亞宣戰，俄國立刻宣布
支持塞爾維亞，英國和法國跟
進，短短五個星期內，引發了第
一次世界大戰。這些國家分別屬
於同盟國和協約國，英國、法
國、俄國和塞爾維亞是協約國，
德國和奧匈帝國是同盟國。義大
利最先保持中立，後來加入協約
國， 1917 年俄國發生十月革命，

要求停戰，美國宣布參戰，加入協約國。1918 年 8 月德國投降，大戰終於結束。

這場大戰死傷慘烈，有一千多萬人死亡，幾百萬人受傷，四年的戰爭死亡人數比過去一百年的總數還要多，這是工業技術進步的結果，試想，如果沒有火車，調動大批軍隊哪有這麼容易？沒有機關槍、坦克車、飛機、毒氣和重型大炮，死傷哪會如此慘重？

戰後，歐洲形勢大大改觀，四個王室垮臺了——俄國革命推翻了沙皇，德國、奧匈帝國和鄂圖曼帝國的國王也都退位了。奧匈帝國變成奧地利、匈牙利、捷克、波蘭、羅馬尼亞和南斯拉夫等國；芬蘭和波羅的海三小國都脫離俄國獨立；鄂圖曼帝國的阿拉伯領土劃歸英國和法國管轄，剩下的部分便是今天的土耳其。

　　戰爭結束了，但是歐洲元氣大傷，人口大幅減少，經濟蕭條，許多人無家可歸，沒有工作，人們對前途失去信心，悲觀沮喪。這場戰爭的殘酷和它對人類心靈的傷害，將在多年後由一位年輕作家的健筆描繪出來，引起廣大讀者的共鳴。

　　這個人就是海明威。 1918 年 4 月，海明威正充滿朝氣的來到西奧，一個位於義大利東北的小城，在阿爾卑斯山腳下，離奧地利只有四英里。那時義大利與奧地利軍隊正在山間激戰對峙，每天都有不少士兵傷亡。

　　海明威的任務是開救護車，每天把受傷的義大利戰士從前線載到醫院接受治療。他已經是個英俊的青年了，一雙黑眼睛，一頭黑頭髮，皮膚深紅，看起來像義大利人，笑起來有點害羞，露出頰上一對酒窩，還是個大孩子

模樣。他跟他們學義大利文，和他們交談，很快就混熟了，士兵們立刻就喜歡上他了。

　　每天他穿上筆挺的墨綠色軍服，戴著船形小帽，興致勃勃的開著高高的救護車出發。這部綠色的老爺車，車頂上漆了一個紅十字，走在彎彎曲曲的山間小道上，搖搖晃晃，像老牛拖車似的，慢悠悠的。儘管遠處有隆隆的炮火聲，但是附近卻一點事也沒有，完全不像在危險的戰場，喜愛冒險和行動的海明威，不久就嫌這工作太枯燥了，急著找機會到前線去。

　　恰巧，這時候紅十字會決定在軍隊經過的地方設立流動性福利社，賣些咖啡、巧克力糖、香菸、明信片之類的東西，每隔幾小時，福利社的工作人員要騎腳踏車到前線作戰區去送東西。由於地點在戰區，當然比較危險，

然而這正是海明威所希望的，所以他第一個去報名。

一個月後，有天晚上，他正在前線的戰壕裡遞送香菸糖果，忽然間，強光一閃，轟隆一聲，冒出紅色的火焰，原來敵方的炮彈落在附近，一根木柱倒下來，打中了他的前額，他想要移動，卻動彈不得，這時候敵軍開始用機關槍和步槍掃射。他的雙腿失去了知覺，靴子裡有黏黏溼溼的東西在流動，他心中一驚，是血，他受傷了！

他聽到周圍有人在哭喊，剛剛還在跟他談笑的士兵，死的死，傷的傷，好一幅悽慘景象。他掙扎著站起來，前往醫療站。當他經過一位傷兵旁邊，看到那人比他傷得還要嚴重，哭得好悽慘，他停下來，扛起傷兵，一起蹣跚前進。這時，奧國軍隊又用機關槍掃射，子彈打中了他的右

腿膝蓋關節，但他還是繼續前進，扛著傷兵到了醫療站，一放下傷兵，他便失去了知覺。

救護車把他送往附近的急救站，醫生從他腿中取出二十多片彈片，其他的碎片卡在較深的地方，一時拿不出來。他被輾轉送往米蘭的美國紅十字會醫院，繼續治療。

這家醫院是一棟石頭建築，外面有陽臺，上面種滿了綠色的植物，繽紛的花草，還有柳藤編製的椅子讓病人休息，環境十分優美。海明威住在樓上的病房，那裡只有四位病人，卻有十八位護士照顧，而且都是從美國來的。護士們都很寵愛剛剛滿十九歲的海明威，尤其知道這個大男孩在戰場上英勇救人的事蹟後，更加疼愛他。

矮矮胖胖的護士長麥杜娜，成天笑咪咪的，像個慈祥的母

親，海明威剛到醫院的時候，她對海明威擠擠眼說：「你是個被打破的玩具娃娃，我們這裡專門修理破掉的地方，不要擔心，不久以後，你又會生龍活虎啦！」

她陪著海明威去照 X 光片，醫生看了以後，準備在月底為海明威動手術，取出其他的彈片。動手術那天早上，麥杜娜陪著海明威進手術室。海明威很緊張的拉著她的手說：「萬一我死了，請妳幫我領撫卹金和保險賠償金，把那雙沾滿血跡的靴子收起來，一起寄給我父母。」

麥杜娜聽了，真是心酸，忍住眼淚說：「別說傻話了，醫生的技術很高明，相信我，你一定會被修理成一個好娃娃的！」她轉過身去，偷偷擦掉了眼淚，這孩子多叫人心疼啊！還好手術很成功，醫生取出了其他的碎片，他只要安心靜養，等著康復，就可

以回美國了。

因為英勇救人，他得到了義大利指揮部頒發的銀星勛章，加上他是第一個在義大利戰場上受傷的美國人，芝加哥的報紙都報導了這則消息，他成了英雄人物。炎熱的 8 月，他坐在病床上，有許多人來拜訪他，包括紅十字會的醫療隊長、米蘭市政府的代表等等。

但是休養期間，海明威最高興的是，他有更多的機會見到值夜班的漂亮護士艾格絲，得到她更多的照顧，這比什麼藥和勛章都神奇。

艾格絲為人親切和善，照顧病人無微不至，不但人長得漂亮，性情也很開朗，富於幽默感，真當得起「白衣天使」的稱呼。海明威和其他的病人都喜歡艾格絲，乖乖的聽她的話，盼望早日康復，可以邀她出去吃飯。

雖然這裡規定護士不能和病人外出約會，但是艾格絲覺得偶而開例，沒什麼關係。她比海明威大七、八歲，像個大姐姐似的，乾脆就叫海明威「小孩」。

沒多久，這個「小孩」海明威已經愛上她了，這是他的初戀，他勇敢的向她表示愛意。起初，艾格絲有點遲疑，覺得他還是個大孩子，心智還不成熟，做事、說話都很衝動，何況自己年紀比他大多了。可是他純真熱烈的痴情，和英勇救人的事蹟，又是那麼可愛，他每天寫好多情書給她，熱情洋溢、文情並茂，終於感動了她，於是，她也天天回信給他，只是沒有那麼熱烈。

9月中，海明威傷勢復原，可以四處走動了，這時候，流行性疾病在義大利北部的名城翡冷翠蔓延，需要醫生和護士，艾格絲志願去幫忙。她10月間動身離

開後，海明威天天寫信給她，有時候一天寫兩封，12月時，他忍不住跑到翡冷翠去看艾格絲，給她一個驚喜。

他告訴她：「我有個好消息，有人願意提供我一筆錢，讓我在義大利多留一年，這樣我們就可以天天在一起了，我們可以一起去遊山玩水、滑雪、釣魚、爬山，多麼棒啊！妳高興嗎？」

艾格絲感動的望著他，然後委婉的說：「我很感激你有這份心，但是我覺得年輕人應該自食其力，不要仰賴別人的金錢，變成一個遊手好閒的人。你先回美國，身體復原後，找個工作，一兩年內我也會回去的，那時候我們就可以常在一起了。」海明威雖然捨不得，還是聽從她的勸告，認為這是她答應嫁給他的暗示。第二年1月，他搭船回美國，計劃回去後，先找一份工作，等艾

格絲回美國後，就結婚成家。

海明威回到家鄉後，受到英雄式的歡迎，報紙採訪他，母校請他去演說。他把受傷時穿的戰士服給聽眾看，要他們數一數上面有多少彈孔。聽到他說，大腿中曾經有二百多片碎片，人人都驚訝不已，對他的英勇行為佩服極了。

他每天寫信給艾格絲，痴情的守望著信箱，等著她回信。但是信件越來越少了，原來艾格絲雖然被他的熱情感動，但是心中一直不確定是否要嫁給他。他年紀比她小七歲，不太成熟，脾氣不好，常常鬧情緒，更何況她熱愛護理工作，還不準備辭職當家庭主婦。終於她寫了一封信，告訴海明威，她冷靜的想清楚了，她對他只是母親對孩子的疼愛，不是男女的愛情，希望他有一天會明白，這樣做對他是好的。

　　海明威接到信後，心都碎了，他把自己關在房間裡，面對牆壁，好幾天不肯出來，家人都很擔心，但是他一句話也不肯說，他的初戀就這樣結束了。多年後，他寫了一本小說《戰地春夢》，其中的女主角英國護士就是以艾格絲為藍本。

　　他在家中養傷的時候，寫了幾個短篇故事投稿給雜誌社，但是都遭到退稿。後來有人介紹他認識加拿大《多倫多明星報》的編輯，他把二十多篇文章賣給《多倫多明星報》刊登，除此之外，他沒有其他的收入，卻成天在外面遊玩，吃飯時才回家。他的父母認為他遊手好閒，不務正業，失望極了。

　　第二年夏天，媽媽葛麗絲寫信給他，義正辭嚴的告訴他，除非找到工作，否則不要再回家了。他怒氣沖沖的離家，到了芝

加哥，住在比爾和凱蒂・史密斯兄妹家裡。不久後，他找到一家雜誌社的助理工作，勉強養活自己。

史密斯兄妹喜歡社交，每星期在家中開派對，請朋友來聊天吃飯，海明威每次都去參加。那天在派對中，他見到了一個陌生女子，她個子高大，有一頭琥珀色的頭髮，站在凱蒂身邊幫忙，看她們兩人有說有笑的樣子，就知道她們是好朋友。凱蒂招手叫海明威過去，介紹他們認識：「這是我的同學海德莉，從聖路易來的，你們聊聊吧，廚房的事別管了。」海德莉連忙在圍裙上擦乾了手，笑著和海明威握手，兩人到客廳坐下聊了起來。

她的儀態文靜溫婉，總是很愉快的樣子，一看就知道脾氣很好。她告訴海明威：「我是凱蒂的同學，多年來很少跟外界來往，

因為母親病了，一直由我照顧，最近母親去世了，凱蒂心腸好，找我來芝加哥散心。」

海明威跟她說：「我是來芝加哥找工作的，比爾和凱蒂很照顧我，現在我在一家雜誌社當助理，收入不多，但是很接近我的夢想，我希望能成為作家。」

海德莉聽完，一雙藍眼睛馬上亮了起來：「當作家！這志向真了不起，可以告訴我你寫些什麼嗎？」

從來沒有人對海明威的寫作這麼重視，他滔滔不絕的說起來：「寫一些短篇故事，不外乎是我身邊生活中發生的事，像是打獵啊，印地安人的故事等等。有一次，我殺了一隻藍色蒼鷺，被警長追到家裡來了，我媽媽把他趕走了，我在舅舅家躲了半天，那滋味跟逃犯一樣，真是令人難忘啊！我將來一定要將它寫下

來！」

海德莉說：「這些故事聽來很有趣，我雖然不會寫作，但是喜歡閱讀，你寫出來後，可以讓我拜讀嗎？」

「當然囉！」他接著和海德莉談起彼此的家人，生活中的趣事和愛好，發現海德莉會彈鋼琴，喜歡戶外活動，他們越談越投機，約好以後再見面談天。海明威覺得被人欣賞和接納的感覺真好，他發現他又戀愛了，這次又是一個比他大的女人，海德莉二十九歲了，比他大八歲，但是他一點也不在乎。

幾星期後，海德莉回聖路易去了，兩人約好通信聯絡，海明威把寫好的作品寄給她看。12月時，他們又在芝加哥見了面，這時候，海明威已經決心娶她為妻了。朋友們都勸他，說他太年輕了，還不到成家的時候。海德莉

的家人也反對，因為這年輕人每星期收入只有四十美元，怎麼養家啊？但是兩人不為所動，海明威二十二歲生日那天，海德莉送他一臺打字機，表示對他寫作夢的支持。1921年春天，他帶海德莉回去見父母，全家人都很喜歡她，高興他找到一個好女人為妻，他們就在家人的祝福下結婚了。

婚後，當海明威每天從雜誌社回家時，就有熱騰騰的飯菜等著他，而海德莉則笑盈盈的聽他講辦公室的事。

這天，有個厚厚的郵件等著他，原來他的短篇小說又被退稿了。他很沮喪的嘆口氣，說：「我的短篇小說沒人要，該怎麼辦呢？也許該改寫詩還是長篇小說吧？」

海德莉說：「你很會說故事，不妨寫長篇小說吧？」

　　海明威說：「寫長篇小說需要長時間專心的投入和安靜的環境，整天在雜誌社工作，哪裡還有時間和精力寫作呢？真想辭職不幹了，到歐洲去寫作！」

　　海德莉說：「你知道我會全力支持你的夢想，說說看，你想去哪裡呢？」

　　海明威說：「當然是義大利了！我去過那裡，那裡的風景真是太美麗了！我要帶妳去看我作戰受傷的地方，還有米蘭的紅十字會醫院！」接著他的眼神黯淡下來了，「可是我們好窮啊，哪裡有錢去歐洲，還要住在那裡啊？這只是我的一個夢想罷了！」

　　海德莉說：「有夢想就有辦法，你知道我繼承了兩筆小小的遺產，加起來也有八千多塊錢，雖然不多，但是歐洲的生活費用比較低，只要我們省吃儉用，應該可以維持在歐洲的生活。」

　　海明威高興得抱著她跳起舞來：「妳說的可當真？我也去和《多倫多明星報》商量一下，替他們當駐外記者，賺一點錢，這樣就夠了吧！還有什麼事情是我們需要知道的？」

　　海德莉說：「我們還是請教舍伍德‧安德森＊先生的意見吧！」

放大鏡

＊舍伍德‧安德森　1874年生於俄亥俄州，小時候隨著父母到處搬家，沒有受過完整的教育，當過送報的報童、漆油漆的工匠、管理馬廄的小廝。十七歲時，他搬到芝加哥去，在一家倉庫當搬運工，晚上去商職修課。1898年，美國和西班牙打仗，他去古巴作戰，回來後到大學完成學業。先在俄亥俄州當油漆製造商，然後又搬回芝加哥，替廣告公司工作，加入芝加哥的寫作團體，認識了許多作家。

他的作品擅長描寫中西部小鎮居民的心理狀態，以及他們對成功的追求和幻滅。他最著名的作品是1919年出版的《溫斯堡俄亥俄》，這本書透過一位在美國中西部小鎮生活的年輕記者和小鎮居民的接觸與衝突，暴露他們的狹隘心態。全書共有二十三篇作品，一半是短篇，一半是長篇，彼此關聯，有共同的主題，他用日常生活的語言寫成，深深影響了兩次世界大戰之間的年輕作家寫作的方式。

1921年，他到歐洲各處旅行，在巴黎認識了葛楚‧史坦，回美國後，住在南方的紐奧良，和威廉‧福克納住同一棟公寓，後來在維吉尼亞州蓋了一棟房子，當農夫和記者。1941年，到南美遊玩時過世。海明威和福克納都得到他很多的鼓勵和幫助。

　　舍伍德・安德森當時已是美國知名的作家，為人熱情，喜歡提攜後輩。

　　海明威是經朋友介紹認識舍伍德・安德森的。那天，他們夫婦去拜訪他，興致勃勃的談起打算去義大利寫作，請教他的意見，舍伍德・安德森聽了，搖頭不同意：「你們應該去法國！」

　　海明威問道：「為什麼呢？我想去義大利，因為我在義大利住過，認識一些人，會說一點義大利話。」

　　舍伍德・安德森深邃的大眼注視著他，搖搖頭說：「年輕人，世界大戰過去了，歐洲已經恢復和平，巴黎又繁華起來，那裡才是年輕作家和藝術家該去的地方。尤其是在塞納河左岸，住了許多從美國去的藝術家和作家，還有英國和歐洲的藝術家和作家，大家聚集在一起，文化氣息

濃厚，各種文學和藝術的運動在醞釀，你去了，便會像海綿一樣，大量吸收文藝的養分。那裡對年輕作家來說，是最理想的地方了。別去義大利了！」

海明威聽了很心動，但是巴黎雖好，他不會法文，而且一個人也不認識呀！舍伍德・安德森早就想到這一點了，他說：「我認識那裡幾位作家，像詩人伊茲拉・龐德和女作家葛楚・史坦等人。我給你寫介紹信，你去見他們，就跟那裡的文學界聯絡上了。他們都是名作家，但是很熱心提攜年輕人的，儘管放心的去吧！」

海明威欣然接受建議，決定去巴黎發展。《多倫多明星報》同意派他擔任駐歐洲的特派員，每週有七十五美元的收入。於是他們滿懷希望的搭船前往歐洲，在 1921 年 12 月下旬到了法國。

3 到巴黎，寫作去！

　　他們在巴黎的工人階級地區找到住處，這是一棟四層樓的公寓，有桌椅，煤氣爐，臥房裡有一張桃花心木的大床，一個小火爐，一小間浴室和一間廚房。地方雖小，但是海德莉設法放了一臺租來的鋼琴，並且僱了一名女傭，幫忙整理房間、燒飯和挑水。

　　可惜這附近太吵了，隔壁是舞廳，人來人往，樂聲震耳欲聾，海明威根本沒辦法安心寫作，於是他在一家旅館的頂樓租了一間小房間當工作室，房裡很簡陋，只有一張桌子和一個壁爐。每天早上，他來到這裡專心寫作到中午，然後到街頭漫步，找一家路邊的小館吃午飯，有時候為了省錢，乾脆餓肚子不吃。

飯後沿著大街到盧森堡花園和羅浮宮去閒逛，有時去拜訪住在附近的女作家葛楚·史坦＊。

那時候，舍伍德·安德森已經寫信給幾位住在巴黎的美國作家，要他們照顧海明威。他在信中寫道：「海明威是個天生的作家，寫什麼都很成功。」其實，這時候的海明威根本還是個無名之輩哩！

巴黎塞納河左岸的拉丁區，一直是法國文學藝術的中心，許多藝術家居住在這裡，不斷有新的藝術實驗和文化運動產生。

1920 年代，海明威到巴黎時，藝

放大鏡

＊葛楚·史坦 於 1874 年在賓州出生，是德裔猶太人。她的家境富裕，小時候在維也納和巴黎居住，五歲時，全家回到美國。1893 年，她進入哈佛大學主修心理學，然後到約翰霍浦金斯醫學院念書。1903 年搬到巴黎定居。她的家吸引許多藝術家和知識分子，在這裡討論藝術與政治。她寫詩、小說、評論和戲劇，作品深受心理學的影響，她喜歡收藏當代畫家的畫作，常寫文章發表立體主義畫派和文學的關係，並且在牛津大學和劍橋大學演講，1946 年死於癌症。

術大師畢卡索四十歲，正是創作的高峰期，從寫實主義醞釀立體主義的畫風；印象派大師莫內八十歲了，仍然在種滿荷花的庭園中辛勤繪製大型的油畫；五十多歲的馬諦斯是野獸派的創始人；高更和梵谷雖然已經過世，但是對畫家甚至作家的影響深遠。

那時正是現代主義的鼎盛時期，現代主義主張藝術要追求真和美，用文字創作一個想像的世界，不只是寫實而已。代表作家如當時四十多歲的現代主義詩人與評論家、戲劇家艾略特，名詩人龐德，小說家喬伊斯，都在巴黎居住過，葛楚·史坦的家是凝聚這些作家和藝術家的地方。她常常舉辦宴會，邀請作家和藝術家來參加，暢談文學、藝術及音樂。在這裡，海明威認識了文學家、藝術家、書店老闆和出版社編輯，建立了文學界的人脈，對

他日後的寫作發展有很大的幫助。

海明威記得第一次鼓起勇氣帶著海德莉去拜見葛楚·史坦的情景。那是個三月天，天氣仍然很冷，他們打著哆嗦的來到花園街二十七號的高級公寓。一走進室內，全身立刻溫暖起來。客廳裡有一個大大的壁爐，熊熊的爐火使得房間溫暖得像春天一樣，桌子上放著各種讓人垂涎的點心，還有新鮮梅子榨出來的果汁。牆上掛滿了名畫，有畢卡索和莫內的原版繪畫，也有塞尚和剛興起的立體派畫家的畫作，書架上擺滿了燙金字的書籍，好像走進了博物館一樣。

這時候，一位個子矮壯的中年婦人走出來歡迎他，她有一頭濃密的短髮，一雙深邃漂亮的眼睛，這是一張典型的猶太人臉孔，卻讓他想起在義大利北部見

過的農村婦人。不同的是她深思的眼神，讓他立刻猜到這就是葛楚‧史坦了。

四十八歲的葛楚‧史坦很熱情的接待他們，她說：「歡迎你，年輕人，我已經收到舍伍德‧安德森的信了，他讚揚你是很有潛力的年輕作家，我這裡的大門永遠為作家和藝術家而開，尤其是你們這樣的年輕人！」雖然她還沒有看過海明威的作品，但是她相信舍伍德‧安德森的話，而且她看到這位英俊的青年，舉止文雅，抱負不凡，他的太太海德莉又是那麼的溫婉文靜，立刻就喜歡上他們了，一種母性的溫柔從心底升起，她決定照顧他們。

那天，海明威恭敬的向她請教寫作的問題，葛楚‧史坦非常健談直率，滔滔不絕的告訴他：「作家不能只是閱讀文學作品，也要懂得欣賞藝術，因為藝術和

文學是相通的，譬如塞尚的畫對我的寫作風格就有很大的影響。」她講話的內容非常艱深抽象，範圍又很廣泛，海明威只有點頭的份，她接著發表對語言和藝術的看法，直到天黑了，海明威夫婦才告辭回家。

過了幾天，葛楚·史坦來他家拜訪，她爬上窄窄的樓梯，來到那間小小的寒酸的公寓，海明威覺得榮幸極了，趕緊讓座，奉上咖啡，葛楚·史坦說：「最近寫了什麼作品？我可以看看嗎？」海明威求之不得，趕緊把最近寫的短篇故事和詩歌拿出來。

葛楚·史坦坐在他們那張桃花心木的大床邊，一頁一頁仔細的翻讀。看完後，她說：「詩寫得不錯，但是短篇故事太囉唆了，讀起來沉悶沒趣味，應該寫得更簡潔有力些，最好的辦法是全部改寫。」她是一個說話直率的人，

但是由於她的文學地位，海明威點頭同意，謝謝她的忠告，說他一定會改寫。葛楚·史坦是海明威寫作起步時的恩人，可是後來他成名後，卻寫文章批評她，傷了她的心，從此與他斷交。

他在巴黎還認識了「莎士比亞書店」＊的老闆西爾維婭·畢奇。她是個三十四歲的美國人，1919 年在巴黎開了這家書店。店裡有許多文學和藝術書籍，包括英國、美國和歐洲的古典及當代文學作品，還有一個出租部門，讓人們租書回家。她特別優待年輕作家，有時免費讓他們借書。她待人親切，總是笑臉迎人，主動找話題和人聊天。海明威常在

放大鏡 ＊第二次世界大戰時，巴黎被德國納粹占領，「莎士比亞書店」關門了。目前在巴黎布喬瑞大道上的「莎士比亞書店」是另一位美國人開的，樓上有一間「西爾維婭·畢奇紀念圖書館」，還有一間專供作家寫作的房間。

午飯後來這裡看書，她替他收郵件，借錢給他周轉。後來他回憶道：「在巴黎，沒有誰比她對我更好了！」她也常幫助其他的作家，譬如喬伊斯的經典名作《尤利西斯》當年到處被出版公司拒絕，畢奇卻十分賞識，在 1922 年出版了這部巨著，後來更替這本書找到在美國出版的機會。

海明威也在巴黎結識了「詩人中的詩人」，三十六歲的伊茲拉・龐德＊。

那天在「莎士比亞書店」，他看到一個頭髮像亂草一樣，蓄著山羊鬍子，活像個流浪漢的傢伙，懶洋洋的躺在書店一張座椅上翻書，臉上充滿著叛逆的神情。他記得在葛楚・史坦家的派對中見過他，畢奇悄悄告訴他：「那就是大詩人伊茲拉・龐德！」

海明威趕緊上前自我介紹，龐德看了他一眼，說：「哦！你就

是海明威？安德森跟我寫信提起你，原來你已經到巴黎了！」他們接著聊了起來，談得非常愉快，龐德邀他過幾天去他家玩。

放大鏡

＊**伊茲拉・龐德**　被稱為「詩人中的詩人」，主要是他對 20 世紀英文詩歌的影響深遠，他的代表作是長詩 (Cantos)，從 1925 年到 1969 年分成十部分發表。

1885 年龐德在艾達荷州出生，在賓州長大。他到賓州大學念研究所，精通多種語言，包括拉丁文、希臘文、義大利文、西班牙文和早期的英文，畢業後在大學教語言。1908 年，他離開教職，到西班牙、威尼斯和倫敦去，過著像吉普賽人一樣的流浪生活。他熱心助人，曾幫忙介紹艾略特和喬伊斯在雜誌上發表的作品，寫文章推崇喬伊斯，替他籌款，甚至送衣服給他穿。他幫艾略特刪改他的經典詩作《荒原》，艾略特後來特別把這本詩集獻給他。他對中國文學詩歌非常著迷，一生致力研究和介紹中國古代的詩歌和文學給西方，並翻譯了不少中國經典，包括《論語》。

1920 年龐德搬到巴黎居住，四年後搬到義大利定居。1933 年他認識了墨索里尼，認為他是經濟社會的改革家，1943 年他在廣播中發表激烈言論，贊成法西斯主義，主張以法律途徑處決猶太人，審判美國羅斯福總統，盟軍勝利後，他被美國軍方逮捕，關在籠子裡，送回美國，軍方的心理醫師判決他有精神病，把他送進華盛頓一家醫院接受心理治療十二年。出院後，他又回到義大利，直到 1972 年去世，留下了七十本著作，翻譯了無數的中國詩與日本詩，還有各種評論文字。美國作家凱瑟琳・安・波特讚揚龐德是「最勇於表達自己意見，最不自私的人」。海明威在自傳《流動的饗宴》中對任何作家都有批評，唯有對龐德例外，讚揚他聰明、仁慈、無私，願意幫助任何人，如同聖人。

　　1922 年，海明威到龐德家去拜訪，嚇了一跳，怎麼大詩人龐德的家和葛楚‧史坦的家竟有天淵之別！他的家裡冷颼颼的，牆上沒有名畫，只有日本畫和他太太的畫作，家具簡陋，都是龐德用木頭自己做的，設備比海明威夫婦那間小公寓還不如。因為信奉社會主義的緣故，龐德和妻子身體力行，過著極端儉樸的生活。同時，他沒有穩定的收入，有時在文學雜誌社做事，有時又被解僱，可是他好像並不在意。

　　龐德知道海明威會打拳後，覺得十分有趣，於是開玩笑的對他說：「你教我打拳，我教你寫作。」海明威便把詩歌與短篇故事拿來請教，他看了以後說：「寫作要少用形容詞，盡量用簡潔的文字，表達涵義豐富的思想和情景。」他把海明威的詩作推薦給一家詩刊，可惜沒被錄用。海明威

也果真教他打拳，龐德不是海明威的對手，每次都被打得落花流水，慘不忍睹。他們兩人一談到經濟和政治問題，總是意見不合，辯論不休。

海明威是加拿大《多倫多明星報》的駐歐洲記者，每個星期三會到美國駐外地的記者俱樂部去探聽最新的國際消息，然後寫成新聞傳回報社。那年4月，國際經濟會議在熱那亞召開，有三十四國參加，報社派海明威去採訪。他看到義大利共產黨人在街頭遊行，和法西斯分子起衝突，他也觀察各國代表，用諷刺的文字描述他們，寫了十五篇報導發表。

5月時，他帶海德莉去義大利旅行，希望海德莉看看他當年英勇受傷的戰地西奧城。在他的記憶中，那裡的風景優美如畫，但是這次舊地重遊，卻讓他很失

望，因為連年戰爭，許多地方被破壞了，還沒有修復。他們轉往米蘭，發現那裡被一千多名反對共產黨的年輕人占領了一整天，他們的領袖——義大利的黑衣黨領袖墨索里尼*正在米蘭，海明威趕緊把握機會去採訪他，寫了一篇報導。在他筆下，墨索里尼並不像一般人說的那樣野心勃勃，他身材高大，皮膚深褐，思想敏捷，看來像個讀書人的樣子。

11月，希臘和土耳其在瑞士洛桑舉行和談，海明威又被派去採訪，那時他對墨索里尼的看法變了，認為他殺氣騰騰，是歐洲

放大鏡

*墨索里尼當時三十多歲，是義大利法西斯黨的領袖，於1922年至1943年擔任首相，宣布法西斯黨是唯一合法的政黨。西班牙內戰時，他幫助佛朗哥奪得政權，和德國納粹密切合作，1939年出兵占領阿爾巴尼亞。1943年，義大利國王把他撤職並且軟禁，希特勒救他脫逃，在義大利北部建立政府，兩年後，被游擊隊殺死。

最危險的人物。有一次在記者會上，墨索里尼坐在桌後，捧著一本書在讀，頑皮的海明威悄悄走過去一看，原來他讀的是一本外文字典，而且還拿倒了，海明威差點笑出聲來。

1922 年 9 月，海明威被派往君士坦丁堡採訪土耳其與希臘的戰爭。他這一生好像和戰爭特別有緣，由於記者的工作，他一直有機會親自到戰場去目睹戰爭的實際情況，感受特別強烈。

希臘和土耳其位於南歐，領土相連，在歷史上是世仇，戰爭不斷。羅馬帝國統治希臘多年後衰亡，希臘接著被東羅馬帝國，也就是拜占庭帝國統治了一千年。到了 1460 年，又被鄂圖曼土耳其帝國吞併，統治了三百餘年。 1830 年，在歐洲列強的幫助下，希臘終於脫離了鄂圖曼土耳其帝國的統治而獨立。但是希臘

與土耳其的戰爭並沒有停止，例如後來又發生了 1897 年的克里特島戰爭， 1914 年的第一次世界大戰， 1921 年至 1922 年的希臘與土耳其戰爭，以及斷斷續續、不曾停止的賽普勒斯之爭。

海明威在報導中寫道：「君士坦丁堡本來是一座美麗的城市，如今卻到處是穿著制服的士兵，到處有謠言，城裡很吵雜，不整潔，氣候炎熱，附近有許多丘陵地和斜坡。」不幸的是，他在那裡得了瘧疾，不能出外採訪。沒多久兩國舉行和談，希臘割讓領地給土耳其，而且軍隊要在三天內全部撤離。

海明威抱病跟隨採訪，一路上看到希臘的士兵們疲憊不堪、衣衫襤褸的樣子，難民走在滿是石頭的小路上，被士兵追趕著前進，天下雨了，他們就用毯子蒙在頭上，這幕景象深深印在他的

腦海中，後來也成為他創作的題材。

　　這次採訪之後，海明威轉往瑞士洛桑，要海德莉前來會面，一起滑雪度假。

　　海德莉臨行前，把海明威所有的稿件和副本都隨身帶著，以便他隨時寫作。但是在火車站等車時，裝稿件的小行李箱卻被人偷走了，海德莉驚惶失措的坐車到了洛桑。當她把這個壞消息告訴海明威時，簡直是泣不成聲，她知道這些稿件是海明威最寶貴的東西，而她竟把它們弄丟了！海明威看到妻子如此傷心自責，也不忍心責備她，自己跳上火車，急急忙忙趕回巴黎去尋找，希望還能找到一些零星的稿件，結果家裡一件稿件也沒剩下，他最近的心血都丟了，多麼令人喪氣！

　　但是東西已經丟了，又有什

麼辦法呢？他們還是照原定計畫去滑雪，盡量把丟掉稿子的事拋在腦後。幸運的是，在瑞士度假期間，海明威認識了一位編年度短篇小說選的作家兼編輯，海明威把帶在身邊的一篇故事〈我的老人〉給他看，這位編輯認為很好，決定編入選集中。這段期間海明威又努力寫了六篇短篇故事，希望能在文學雜誌上發表。

　　自從到了歐洲後，海明威一直很希望去西班牙觀光，尤其是看鬥牛。他曾經和朋友到塞維爾看了一場鬥牛，但總覺得不過癮，希望能再去。葛楚・史坦聽說了，告訴他說：「到潘普洛納去！這個城市在高原上，每年7月，有一星期的慶祝活動，在那裡你可以看到西班牙所有的鬥牛士，保證讓你大開眼界，不虛此行！」

　　海明威聽從了葛楚・史坦的

建議。到達潘普洛納後的第二天早上，他聽到遠方有轟隆如雷的聲音，這聲音逐漸由遠而近，越來越大聲，他打開窗戶，探出頭一看，哇，不得了，這景象太棒了，他趕緊搖醒海德莉：「快，快起來看！」他們見到一大群牛在鋪滿鵝卵石的巷子裡狂奔，一大群年輕男子不怕死，竟然衝到牛群中間，和牛群賽跑，做出逃命的樣子，那樣子又滑稽又令人捏把冷汗，路旁擠滿了看熱鬧的人群，高興得大笑喝采，等到牛群都跑到牛欄裡去，人群才散了。難怪有人把這個節慶叫做「奔牛節」。

　　一星期的「奔牛節」每天便是這樣開始的，然後人們到教堂望彌撒，下午則興致勃勃的去鬥牛場看鬥牛，那裡總有成千上萬的觀眾，熱鬧極了。只見鬥牛士穿著白色的服飾，挺肩縮腹，姿

態英武，一手拿劍，一手拿紅色披風，披在一根木棒上，使用各種招式挑動黑牛的怒氣。當黑牛怒氣沖沖的衝過來，鬥牛士便不慌不忙、敏捷的避開，同時密切注意著牛的下一個動作，尋找機會把手中的劍刺入牛頸與肩骨之間，若不小心，他隨時有被牛角刺死的可能。大約半個小時左右，黑牛終於被刺死，這時全場歡聲雷動，觀眾的情緒沸騰到了極點。接著是下一個鬥牛士出場，表演另一場鬥牛。

　　每個鬥牛士都有自己的絕技和方式，每頭牛也有自己不同的個性，所以每場鬥牛賽都不一樣，都值得一看。往往等到夜幕低垂時，觀眾們才意猶未盡的離開，到餐館和酒吧去吃飯、喝酒、跳舞，通宵達旦。

　　海明威就這樣深深的迷上了鬥牛和鬥牛士，回到巴黎後，寫

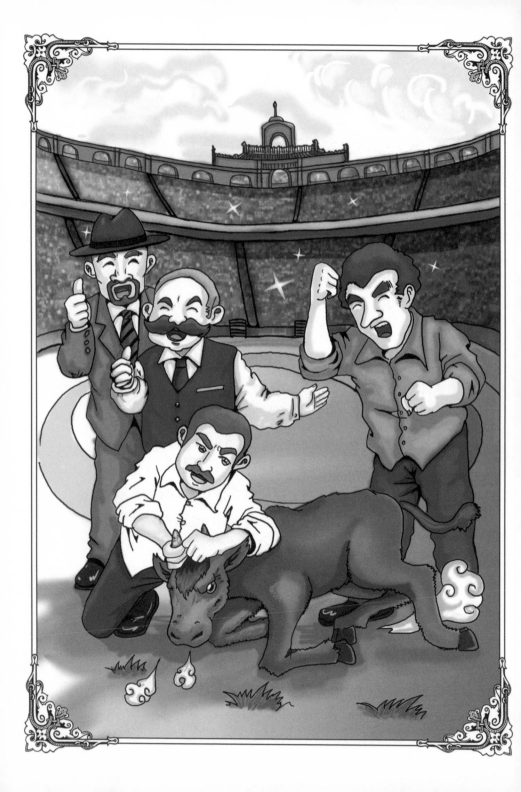

了幾篇和看鬥牛有關的小故事。後來他一生中又到西班牙去過許多次，有一次甚至還到鬥牛場中去嘗試鬥牛的滋味。西班牙的鬥牛場特別設計一種方法，在小牛的牛角上包了軟物，讓觀眾過過鬥牛的癮，卻不會有生命危險。因此，當海明威揮舞著紅披肩，看到牛向他衝過來時，他一點也不緊張，伸出手抓住牛角，一下子就把牛壓倒在地上，那時刻，他真是得意極了。

　　回到巴黎後不久，他的第一本書《三篇小說，十首詩》在巴黎出版了，葛楚‧史坦幫他寫了一篇書評。然後他們夫妻倆返回加拿大，因為海德莉快要生產了。他繼續替《多倫多明星報》工作，但是他常常得到外地出差，甚至在海德莉快要分娩時，仍然要到紐約工作，結果他還沒回到家，兒子邦比便出生了。這

樣的工作環境讓他很不開心，而
且也占去他創作的時間，他懷念
巴黎，決定搬回去。

 太陽升起了

　　1924 年 1 月，海明威和海德莉帶著邦比回到巴黎，住在一家鋸木廠附近的公寓裡，離葛楚‧史坦家比較近。邦比在五個月大的時候受洗，葛楚‧史坦成為邦比的教母。此時，海明威在巴黎的文學雜誌《美洲評論》當副編輯，可是卻沒錢拿，唯一的好處是作品有機會刊登在《美洲評論》中。而海德莉繼承的那筆錢，也越來越少了，於是海明威便常到體育館去和職業拳擊手比賽，賺一點錢貼補家用。

　　無論環境如何艱難，他都不覺得苦，因為他已經找到了人生的目標，那就是寫作，那是他生命中最重要的事情，什麼事都擋不住他，什麼障礙他都要除去。他隨時觀察周圍的人，發生的

事，遊玩的地方，然後加進自己的想像，編織成故事寫下來。但是由於他寫的是身邊的人和事，儘管在書中把人物改了名字，但是，那些被描寫到的朋友一看就知道是寫他們，覺得深深受到傷害。有時他也寫文章嘲弄那些提拔過他的人，如舍伍德・安德森和葛楚・史坦，讓人覺得他有點忘恩負義。海明威辯解說，這是他創作的方式，他喜歡寫生活中印象深刻的事，尤其是對他自己傷害很深的事，這樣才逼真。

這段期間他寫了一系列相關的短篇故事，主人翁名叫尼克・亞當，其實就是他自己的化身。這些故事包括家庭中的問題、失戀、愛國主義、婚姻、參加第一次世界大戰受傷的經驗。他寫得相當快，七個月內，寫出九篇故事，譬如〈雙心河〉這一篇，表面上談的是一個戰後歸來的年輕

男孩的故事，但是文章裡沒提到戰爭，讀故事的人卻能體會到戰爭帶來的影響和後果，這是一種不分時代和地域的共同經驗。

這種寫作手法是一種創新，他不直接寫故事中最主要的事情，而是藉著表面上一些不大相干的事件和對話，讓讀者自己領會作者要講的是什麼。就好像一座冰山一樣，人們只看到上面的小部分，主要部分都埋在水底，要讀者自己憑著蛛絲馬跡去體會。後來人們稱他這種寫作手法為「冰山理論」。

以上這些短篇故事於 1924 年出版，書名為《我們的時代》，由舍伍德‧安德森寫序推薦，海明威的努力終於開花結果，太陽即將升起。

1925 年，海明威和一位傑出的美國青年作家認識了，他就是當時年僅二十九歲的史考特‧費

茲傑羅＊。

1925 年巴黎的 5 月天，陽光燦爛，春風拂面，海明威在一家名叫「汀國」的酒店裡和朋友喝酒談天，有人過來和他們打招呼，他抬頭看見一張陌生的面孔，此人身材高大，滿頭金色捲髮，帶著孩子氣的笑容，他的嘴巴寬寬的，額頭高高的，一臉聰

放大鏡

＊**史考特・費茲傑羅** 於 1896 年在明尼蘇達州聖保羅出生，他的父親經營生意失敗後，開始擔任推銷員，因此他們常常搬家。1909 年他讀中學時，便在雜誌上發表小說，1913 年進入普林斯頓大學求學，結果沒能完成學業，1917 年跟著軍隊到歐洲去。1919 年，他在紐約的廣告公司做事。1918 年他遇見才貌雙全的賽爾達，苦苦追求，兩年後結婚。1920 年他的第一本小說《天堂那邊》出版，非常成功，著名的文學雜誌開始刊登他的作品。1924 年他們搬往巴黎，他的經典之作《大亨小傳》出版了，得到評論家極高的讚譽，但是他卻沒賺到什麼錢，1926 年改編成劇本在紐約上演，非常成功，緊接著被拍成電影。

他的太太長得花容月貌，但是年輕時就有酗酒的問題，她出身富家，喜歡奢華的生活，費茲傑羅為了滿足她的需要，常常放下長篇小說的創作，寫些短篇故事賣給雜誌社賺錢。他後來去好萊塢寫電影劇本，因為他太太精神崩潰了，影響他的情緒，而嚴重酗酒，因此丟掉了工作，1940 年死於心臟病時只有四十四歲。他的小說《夜未央》寫的就是他本身的悲劇故事。

明相，眼神友善而敏感。他對海明威說：「如果我猜得不錯，你就是海明威吧？我是史考特・費茲傑羅。」

海明威很高興的站起身來歡迎：「久仰了，你是《大亨小傳》的作者吧，坐下來和我們一起聊聊！」

費茲傑羅坐下來，喝著香檳酒，愉快而友善的對海明威說：「我一直注意你的作品，我看過你的書《我們的時代》，這些以尼克・亞當為主角的短篇故事，寫得真好。」他的讚美讓海明威有點不好意思，海明威還沒讀過《大亨小傳》，一句話都說不出來，回家後得趕快找來讀了，下次才可以發表看法，何況這也是對作家的尊重啊！兩位美國當代最傑出的青年作家在歐洲認識了，彼此留下良好的印象，開始了進一步的交往。

　　一日，海明威夫婦應邀到費茲傑羅家吃午飯，海明威這時已經看完了《大亨小傳》，他對費茲傑羅的才華十分尊敬。他們討論起這本書和費茲傑羅稍早發表的小說，交換對寫作的看法。

　　他們兩人都是對寫作十分認真的年輕作家，對文學有獨到的見解，所以這兩對年輕夫婦經常來往，有時一起外出旅行。好勝的海明威暗暗把費茲傑羅當作較量的對象，希望有一天寫出的作品能超越他。費茲傑羅那時已經是美國最著名的年輕作家，前途光明，海明威遠遠不如他，但是費茲傑羅的酗酒和家庭問題，嚴重影響了他的文學創作，海明威卻努力不懈，果然在十年內超越了費茲傑羅。

　　1926 年海明威的第一部長篇小說《太陽依然升起》出版了。這本書的靈感主要來自他到西班

牙看鬥牛和第一次世界大戰戰場上的經驗。書中的人物是一群去西班牙看鬥牛狂歡作樂的年輕男女，他們原有的夢想都因為第一次世界大戰而破滅了，所以他們不再顧忌什麼道德約束，過著今宵有酒今宵醉的放蕩生活，盡情酗酒，追求歡樂，也常常陷入自憐的情緒裡。

海明威本來考慮把這本書命名為《失落的一代》，這是葛楚·史坦有一次形容他們這一代的年輕人說的一句話，後來還是決定改為《太陽依然升起》，因為這書名給人黑暗之後的一線希望。這本書對話生動，情節緊湊，人物個性栩栩如生，內容既浪漫又譏諷，打動了許多人的心，出版後立刻引起轟動。尤其是大學生們，更是瘋狂。大學女生打扮成書中女主角布蕾特的樣子，許多美國年輕人，千里迢迢

跑到巴黎的咖啡館去體會書中的情景和心情，模仿海明威說話的方式。「失落的一代」從此成為海明威這個時代的人的代稱，他們的共同之處是都經歷過兩次世界大戰，偏離了父母傳統的道德觀，不知道該相信什麼，所以他們放縱自己，喝酒、追求逸樂。海明威的夢實現了，他成了家喻戶曉的作家。

這時候，他的個人生活也發生了變化。海明威夫婦的朋友中有一對姐妹，姐姐寶琳在巴黎的《時尚雜誌》當編輯，她是阿肯色州人，畢業於著名的密蘇里大學新聞系，個子嬌小，服裝考究，是有錢人家的女兒。起先她對海明威的印象很不好，覺得他態度粗魯，不修邊幅，鬍子很長，衣服骯髒。為了當作家，他讓妻子海德莉過著這麼艱苦的生活，她替海德莉打抱不平，心疼

她得忍受這樣一個自私的丈夫！於是她和海德莉成為好朋友，經常來往，有時替他們帶孩子，和他們一起去滑雪或騎自行車。慢慢的她開始欣賞海明威對寫作的執著，竟然愛上了他，海明威也被她的聰明伶俐和文學見解所吸引，愛上了她。

海德莉發現後，心都碎了，她要他們分開一百天不見面，看海明威是否回心轉意。寶琳回到紐約，海明威陷入沮喪自責之中，經常失眠，他忘不了寶琳，但是又覺得對不起海德莉，無法提出離婚。海德莉看到這種情形，知道無法挽回了，她主動取消了一百天的約定，同意離婚。

1927 年海明威和寶琳結婚，隔年回到美國，他對巴黎不再留戀，他已經成名了，出版社和雜誌再也不拒絕他的文章，但是他得罪了許多巴黎的朋友，葛楚·

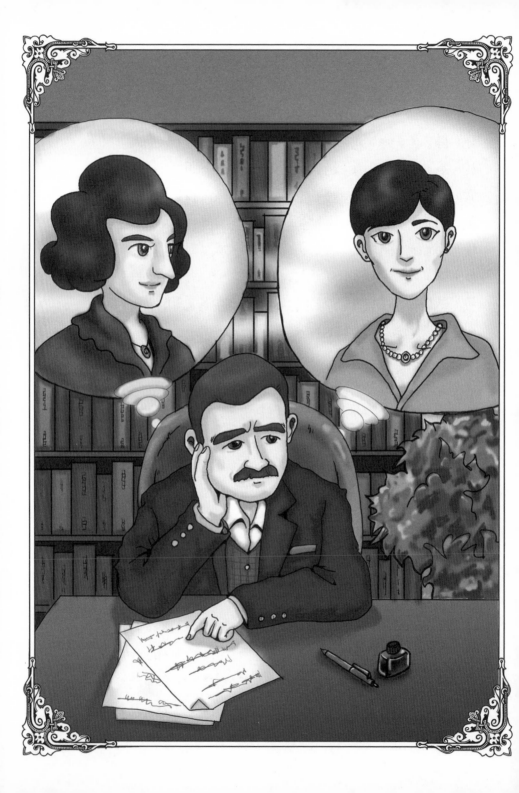

史坦已經和他絕交了。有了一個有錢的太太，他也不必再為金錢操心，而能專心寫作了。

5 到加勒比海，捕魚去！

　　海明威希望找到一個安靜的地方住下來，既可以專心寫作，又可以放鬆自己。作家約翰‧帕索斯向他建議說，威斯特小島是個可以考慮的好地方，因為他曾經沿著一百二十英里的鐵路線，一路搭便車，來到這裡度假，簡直美妙得像夢境似的。這個狹長的小島位於佛羅里達州南邊，距離美國本土是那麼遙遠，因此被稱為「北美洲世界的盡頭」。

　　此地充滿熱帶風情，空氣中充滿海洋鹹溼的氣息；婆娑的棕櫚樹和椰子樹的枝葉隨風搖曳；樹叢裡，色彩繽紛的鸚鵡不時傳來呱呱的叫聲。島上英語和西班牙語並行，白人主要是鐵路工人，來自佛羅里達州；還有一批捕鯨人來自北方；其他居民來自

巴哈馬群島，有各色人種，說西班牙語的古巴人有的在雪茄工廠工作，有的靠捕魚維生。至於房屋建築則是希臘與哥德式的混合，再加上露天涼臺。這裡生活悠閒，是漁人的天堂，海明威夫婦租了房子住下來。

實琳非常尊重海明威的寫作，她處理一切雜務和家事，讓他安心創作。每天早上海明威通常在家中專心寫作，下午則出去釣魚，或到街上的小店裡和當地人喝酒聊天。海明威特別喜歡一家叫做 "Sloppy Joe"（邋遢喬酒吧）的小店，不久就和店主成為好朋友。在這裡他有機會觀察漁民的生活，熟悉他們的語言，聽到許多漁民的真實故事。

每天下午，他到海邊的長橋或碼頭上釣魚，那裡有各種魚類是北方的溪流中所沒有的，起初他覺得很新奇，但是漸漸覺得不

過癮了，他看到不少漁船出海去釣魚，很希望也能嘗嘗那種乘風破浪的滋味，一定很棒！有人介紹他認識了釣魚高手查理斯‧湯姆森，他是一個商人，有一艘十八英尺長的汽艇。每天接近黃昏的時候，湯姆森關了店門，他們便一起乘著汽艇出海捕魚去。

湯姆森真是個好老師，他教海明威使用釣具、裝船索，怎樣準備魚餌、怎樣引誘魚兒上鉤、如何辨識釣起來的各種魚類。海上有梭魚、鯊魚、鰩魚，都是岸邊見不到的魚類，上岸以後，他們把可以食用的魚拿到市場去賣，貼補汽油和魚餌的花費，海明威發現到海上釣魚既刺激又過癮，他希望不久以後，能和湯姆森較量一下，看看是否會青出於藍。

之後他又認識了另一個釣魚的好伙伴艾迪‧桑得斯，人稱

「布拉船長」。他四十二歲，是威斯特小島最受人尊敬的出租船隻的船長，他對附近到古巴所有的廣大海域都很熟悉，也是在墨西哥灣流中捕魚的高手。有個週末，海明威和湯姆森催請布拉船長帶他們到另一組礁岩群島去捕魚，他們捕到許多魚，在布拉船長的指導下，海明威捕到一條大旗魚，這是他生平第一次抓到這麼大的魚，真是興奮極了。他如飢似渴，不斷的向布拉船長請教從捕魚到煮魚的各種知識，從此迷上了深海捕魚。

他急於與人分享這份喜悅，寫信給其他地方的好朋友，邀他們到威斯特小島來釣魚。他邀請的朋友包括出版編輯柏金斯、作家帕索斯等人。海明威與這些朋友和湯姆森及布拉船長共同成立了一個俱樂部，一起出海捕魚，在酒店喝酒聊天。往後，他們每

年都聚會一次，威斯特島的人都
知道他們。

　　就在一切都很順利的時候，
一件家庭悲劇發生了，海明威的
父親竟然在家裡舉槍自殺了！海
明威非常震驚悲傷，他和父親感
情很好，父親一向鼓勵他要有積
極正面的人生觀，他做夢也想不
到父親竟然會結束自己的生命。
海明威的爸爸有嚴重的憂鬱症，
那幾年他的健康情形不好，財務
上有些煩心的事，他覺得活著沒
什麼意思，有一天中午回家，他
便在臥房內開槍自殺了。這件事
對海明威造成深遠的影響。

　　當時海明威已經完成《戰地
春夢》這部長篇小說的初稿，於
是全力投入改寫的工作中，來轉
移這件家庭悲劇帶給他的巨大憂
傷。這部小說的背景是第一次世
界大戰的歐洲戰場，男主角是一
個開救護車的美國年輕人，女主

角是英國護士。他們的愛情結局是一個悲劇，女主角難產而死，故事靈感來源就是他自己和艾格絲的那段初戀。

這本書在 1929 年出版後，成為暢銷書，後來還被拍成電影，由當時最紅的明星賈利‧古柏和海倫‧海絲主演，上映後非常轟動。這本書不只是一部羅曼史，還是一本探討戰爭的小說。海明威覺得世界是不公平的，往往是那些好人命運不濟，在戰場上死去，他因此質疑戰爭的必要。

成名也為他帶來了一些困擾，有人偽裝是他，在書店替他的書簽名。有人跑來試探他有多麼強壯勇敢，結果被他一拳打了出去，消息上了報紙，更加深了人們對他強悍的印象，令他啼笑皆非。他只是用豐富的想像力創造小說，卻有很多讀者以為他就是書中的男主角，認為那些英勇

事蹟是海明威的事蹟。其實他的戰場經驗只有一個月而已，可見得他寫得多麼逼真！

實琳知道她的丈夫真正喜歡威斯特小島的生活，於是她開始找房子準備定居了。她的家境富裕，還有一個非常疼愛她的叔叔，早就要他們物色一棟房子，由他出錢買下送給他們。

1931 年，他們選中了白頭街九百零七號這棟房子，房子很大，後面有游泳池，周圍環繞著棕櫚樹與榕樹，房子牆壁是石頭砌成的，綠色的圓窗，冬暖夏涼，海明威成家十年後，第一次有了自己的房子。

海明威喜歡貓，他養了許多貓，其中有些貓是六隻腳趾的，在房子的第一層樓，這些好命的貓各有自己吃飯睡覺的窩，還有一個走道，直接通向主人的臥房。海明威的書房在房子後面，

比較安靜，可以不受打擾的寫作。*

這段時期，正值美國經濟大蕭條的年代，但是他們絲毫不受影響，過著富裕安定的生活。他專心創作，十年間新作品源源不絕，但並不是每本書都成功，譬如《下午之死》，談鬥牛和鬥牛士的故事，介紹西班牙的城鎮和文化，出版後沒有引起注意，書評也不太好，大家比較喜歡他的小說創作。他一向很在意別人的批評，但是這次他不怎麼介意，因為他對鬥牛深深著迷，認為這是一種藝術，需要某種技巧、情緒和勇敢才辦得到，鬥牛士常面對死亡的威脅，卻那麼從容不迫，讓他深深敬佩。

除了鬥牛外，他對釣魚也很

放大鏡

＊現在，這棟房子成為海明威紀念館，你去參觀的話，還可以在庭院和長廊上看到六趾貓的後代懶洋洋的晒太陽呢！

著迷，1934年他花了七萬五千元美金，買了一艘三十八英尺長的雙引擎釣魚船，船艙容得下八個人，船隻取名為「碧拉號」，這是西班牙天主教一個聖人的名字，也是他對實琳的暱稱，後來他寫《戰地鐘聲》時，安排了一個重要的角色也叫「碧拉」。他找到一位很好的船長當「碧拉號」的駕駛，經常邀請朋友一起出海釣魚，有時從威斯特小島到古巴去，全程大約二十六小時，有時他也在船上寫作。他一直記得父親的教訓，不殺不準備食用的動物，所以他往往和釣來的魚照一張合照後，便把魚肉分給在碼頭等候的古巴人。他的釣魚技術越來越好，有時釣到三百多磅的巨大馬林魚，碰上魚很倔強，不肯就範，海明威往往比牠更倔強，纏鬥到底，直到大魚累了放棄為止。

6 到非洲，狩獵去！

　　海明威對於刺激的戶外運動特別容易著迷，除了深海釣魚外，他也喜歡打獵。每年夏天，他們一家離開溼熱的南方，開車到北部的懷俄明州和蒙塔納州去避暑，住在靠近黃石公園的木屋裡，那裡風景如畫，他除了寫作，就是打獵和釣魚。他和寶琳騎著馬，來到山谷間的溪水旁邊，在這裡釣魚是另一種情調，沒有顛簸的巨浪，鹹溼的空氣，只有涼爽的山風，潺潺的流水。有時候也讓孩子們參加，但是規定他們必須安靜，免得把鱒魚嚇跑了。

　　他們也打獵，獵物大都是飛鳥和麋鹿，偶而也有大熊。但是這已經滿足不了海明威的胃口，他是個天生的探險家，嚮往非洲

寬闊的大草原，那裡有成群的獅子、斑馬、野豹、老虎奔跑，充滿了原始的氣息，也充滿了危險的挑戰。他想要去狩獵，去非洲「薩伐旅」，那才是真正的打獵。

什麼是薩伐旅？和一般的打獵有什麼不同呢？

薩伐旅是指19世紀末興起的一種長程的打獵旅行，地點在非洲，當時是歐洲貴族和美國有錢人才玩得起的一種打獵活動。這種狩獵不是拿著槍，開著車，隨便到原野上去射殺野獸，一則這樣做非常危險，二則當地政府也要保護野獸不被濫殺，以免絕種，所以有各種規則需要遵守。

這種狩獵有時長達兩三個月，事先需要長時間周全的準備，而且要僱用不少人跟著，這些人包括白人獵手、追蹤手、挑行李的人、揹槍的人、廚師、標

本剝製師、照相師等等。白人獵手是其中最重要的人物，是這支狩獵隊伍的領隊，大家都得聽他的。他負責安排一切行程，根據客戶希望打哪類野獸而選擇去哪個營區，先預約位置，購買槍支配備，還要向當地政府申請打獵的執照。追蹤手也很重要，他可以從地上的蛛絲馬跡，判斷有沒有他們要獵取的獵物。可見薩伐旅是非常昂貴的一種戶外運動。

　　1933 年，海明威的夢想成真了，寶琳的伯父送給他們一個大禮物，負擔他們去非洲薩伐旅的全部費用，大約兩萬五千元美金，這在當時是一筆相當大數目的金錢。海明威先到紐約去拜訪有名的馴獸師，向他請教如何馴服獅子，可見他對這次旅行有多麼認真。旅行長達三個月之久，寶琳找人照顧他們的兩個小兒子，然後陪著海明威去非洲打

獵。除了他們以外，還有海明威釣魚的好伙伴湯姆森一起去。

他們在 8 月初出發，先到巴黎和西班牙遊玩，發現這些地方和記憶中的不同了，巴黎不再優雅如詩，到處是從納粹德國逃出來的難民，西班牙的政局不穩，經常有人罷工鬧事，經濟蕭條，內戰隨時會發生，影響了他們看鬥牛的心情。11 月初，他們終於坐船從歐洲到達東非，見到了白人獵手飛利浦・波西瓦。

波西瓦曾參加過第一次世界大戰，是英國情報單位的工作人員。美國羅斯福總統到非洲狩獵時，就是由他擔任嚮導，羅斯福總統對他大為讚美，說他是最好的嚮導和獵獅高手。他相貌英俊，人又聰明，懂得鼓勵顧客，讓他們不感到害怕。在附近的山區，波西瓦先教導海明威和湯姆森如何射殺瞪羚，不久以後，他

們就信心百倍，迫不及待準備出發去狩獵了。

他們在當地土人中找了機械師、駕駛、揹槍夫、挑夫和跑腿的人，一行人浩浩蕩蕩帶著大大小小的行李、槍枝、食物和啤酒，開著兩輛卡車，開始狩獵旅行。

在坦尚尼亞的原野上，海明威看到無數的狼、豹、獅子、老虎出沒奔馳，不時還有獅子追趕大群野獸的壯觀場面。在兩個禮拜內，海明威過足了癮，射殺了許多獅子、土狼、羚羊、花豹和其他野獸。每天晚上，他們升起營火，燒烤捕來的獵物，聽波西瓦談非洲的文化，神祕的傳說和當地的奇風異俗。

後來海明威得了痢疾，他還捨不得離開，直到體重急速下降，不得不到肯亞去接受醫治，那裡交通不便，等了兩天，飛機

才來到。在旅途中，他經過非洲最高的山「吉力馬札羅山」，山頂有暄暄積雪，遠望閃閃發光，漂亮極了，一個小說的題材開始在他腦海中醞釀。

他康復以後，又迫不及待回到薩伐旅營區。這次波西瓦帶他們到另一個營區去打獵，在這裡，他們又射殺了不同的野獸，如犀牛、斑馬、水牛、黑貂等。他的朋友湯姆森這次收穫也很多，帶回了極大的一對鹿角和犀牛頭。

這次旅行，海明威增加了許多不尋常的生活經驗，不但滿足了他對冒險行動的追求，也刺激了他的寫作靈感。回家後，他開始寫作《非洲的青山》這本書，於 1935 年出版，這不是一本小說，而是一些描述非洲的風景、文化和野生動物的文章，加上一些他對當代作家的評論。書評家

和讀者的反應都不太好，大大不如那篇以非洲為背景的短篇小說《雪山盟》。這是根據他在雪山下等飛機去治療痢疾的那段經歷寫的，是他最成功的短篇小說，後來被拍成電影上映。

1935 年冬天的一個下午，海明威照例在一家小店裡喝酒聊天，消磨時光，有三個陌生人走進店裡，一位五十多歲的婦人，和兩位二十多歲的青年男女，一看就知道是外地來的觀光客。年輕的女郎身材修長，穿著黑色的衣服，頭髮齊肩，長得很漂亮，很有自信的樣子。她進門後，不經意的看到一位穿著短褲涼鞋，一頭黑髮，皮膚泛紅，有一對酒窩的中年男子，覺得很面熟，突然她想起來了，探問道:「請問你是大作家海明威嗎?」

海明威連忙起身讓座:「我就是海明威，請問芳名?」

　　女子說：「我叫瑪莎‧葛爾洪，這位是我母親，那位是我的弟弟，我們是從聖路易來邁阿密觀光的，剛剛心血來潮，搭上公車來這裡逛逛，沒想到遇上大作家，我可是你的書迷喔！」

　　原來她是《庫利爾雜誌》的記者，也是一位作家，當時才二十七歲，已經出版了兩本小說。她說的沒錯，她是海明威的書迷，在她第一本小說《狂熱追求什麼？》的卷首，就引用了海明威的句子。9月間，她剛剛出版了一本短篇小說集，正在創作第三本小說。整個下午她一直虛心請教海明威有關寫作的問題，海明威和她談得很愉快。

　　瑪莎的父親是醫生，母親也是學音樂的，和海明威的家庭背景很接近，她非常喜歡新聞工作，她說：「我喜歡親自採訪第一手的消息，包括戰爭，絕不假手

他人。我相信男人能做的事，我也能做。」

海明威聽呆了，看不出這位年輕的金髮女郎，不但聰明漂亮，竟然還這麼勇敢，和他認識的其他女人太不一樣了。於是他自願當嚮導，陪同他們在島上觀光，還邀請他們到家裡去玩。後來，瑪莎的媽媽和弟弟先回聖路易，瑪莎則決定要在威斯特島多停留一個月，海明威天天陪著她到處觀光。海明威的太太寶琳看在眼裡，表面上不動聲色，但是開始擔心婚姻要出問題了。

7 到西班牙和中國，
採訪去！

　　西班牙內戰是第二次世界大戰的先聲，那時候德國納粹、共產主義和法西斯三種政治體制興起，在歐洲競爭，西班牙成為他們試驗和爭奪的場地。1931年春天，經過幾年的紛擾和罷工，西班牙舉行大選，結果國會席次中，左派的共產主義與右派的德國納粹和法西斯各占一半，時局萬分緊張，為了避免內戰，顧全大局，西班牙國王艾凡索八世選擇放棄王位，自動流亡外國，共和政府於4月間成立。

　　這個共和政府是共產黨與社會主義黨聯合組成的，背後有俄國撐腰，在統治的最初兩年，西班牙還是經常鬧罷工，政治沒能上軌道，於是1933年西班牙再度舉行大選，這次右派占了多數席

次，重新掌權。1936年2月，另一次大選中，左派以少數票險勝，政權又回到他們手中。五個月後，右派一個重要人物被刺殺，佛朗哥將軍在德國納粹和義大利墨索里尼的支持下，回到馬德里，發動軍事革命，準備推翻左派的共和政府，於是內戰開始了。

　　1931年海明威曾經到西班牙去，預言內戰免不了了，可能在1935年發生。他對西班牙有很深的感情，就好像是自己的第二故鄉一樣，1936年內戰果然爆發了，他表明立場，支持西班牙的共和政府，在美國，他寫文章和演講，替共和軍募款，買了救護車運往西班牙。1937年，他義不容辭的接受了「北美新聞報業聯盟」的邀請，擔任戰地記者，前往西班牙採訪內戰新聞。同時，有一家製片公司準備拍西班牙內

戰的紀錄片，也請海明威撰寫電影旁白，於是他就帶著這麼多任務，出發到馬德里去了。

在馬德里他又見到了瑪莎，她是《庫利爾雜誌》的戰地特派員。去年她離開威斯特島以後，海明威和她一直保持通信聯絡，這次在戰地重逢，彼此更覺得親切，常常一起外出採訪新聞。

瑪莎是一位觀察敏銳、思想獨立的記者，能分辨什麼消息是官方宣傳，什麼是真相，她的報導比較接近事實真相，主要是因為這些消息都是她親身採訪得來的一手資料。海明威是作家，他的報導常偏重描寫戰爭的殘酷，由於他的高知名度，六十多家美國報紙雜誌，如《紐約時報》、《洛杉磯時報》、《時代雜誌》都競相刊登他的報導，但是他在政治上十分天真，常被左派和共產黨人曚蔽，拒絕面對真相。

在採訪西班牙內戰的新聞時，海明威親眼看到瑪莎的勇敢敬業。為了採訪戰地新聞，她常常在槍林彈雨中一馬當先，跑到最前線去採訪，一點也不害怕，讓海明威印象深刻。當時外國記者們都住在首都馬德里的旅館中，那裡情況十分危險，有一次旅館被炸彈轟炸，海明威第一個想到的就是瑪莎的安全，他奮不顧身跑去救她。長達兩年的戰地採訪中，他們經常有機會碰面，在這種生命常處於危險的情況下，海明威和瑪莎相愛了。

1939 年初，西班牙內戰結束，佛朗哥獲勝，海明威回到威斯特島，寶琳知道他們的婚姻發生問題了，當年她帶給海明威第一任太太海德莉的傷害，現在要由另外一個女人來懲罰她了。她感到非常痛苦，但是並沒有立刻離婚，她希望海明威只是一時的

意亂情迷。

海明威開始全力投入寫作下一部小說《戰地鐘聲》，以西班牙內戰為背景，是他作品中最長最複雜的一部。這本書在 1940 年出版後，又是轟動全國，六個月內銷售了五十萬本，是自從 1936 年密契爾夫人以南北戰爭為背景的《飄》出版以後全美最暢銷的書。海明威送了一本給費茲傑羅，他回信極力讚揚，自嘆不如。一個月後，傳來一個驚人的消息，費茲傑羅心臟病發，以四十四歲的英年早逝了，美國失去了一位文壇彗星。

1940 年底，海明威和寶琳離婚，與瑪莎結婚了。他們住在古巴哈瓦那附近，一棟叫做芬卡的農莊裡。這棟房子是瑪莎找的，地點很好，離哈瓦那只有幾里路之遠，坐落在一座小山上，可以看到蔚藍的海水和城市夜晚的燈

光。海明威最先不同意住在這裡，他喜歡熱鬧，希望住在城裡，而且這棟房子很破舊，一點也不吸引人。瑪莎趁他出海釣魚的時候，找工人來整修一番，房子四周種滿了鮮豔的花朵，外圍被棕櫚樹和芒果樹圍繞，大門前有一棵一百多年的老樹，房子後面還有重新修理過的網球場和游泳池。海明威回來看到房子煥然一新，同意租下，後來乾脆買下，在這裡住了二十年。

芬卡農莊非常安靜，他們夫妻便在這裡專心寫作，下午海明威依然按照老習慣出海去釣魚。海明威有一隻大黑狗，他寫作時，大黑狗一直陪伴在他身旁。海明威有一張豪華的大書桌，但是他卻不在上面寫作，書桌上總是攤著許多書報雜誌，他喜歡站在工作檯前寫作，檯上有一臺打字機，他一邊看手稿一邊打字。

每天早上他有規律的寫作，然後在一個圖表上記下當天所寫的字數，如果沒達到預定的目標，第二天他就設法趕上。

當時瑪莎正在寫第三本小說，海明威常指導她寫作的技巧。那天他們正在討論寫作的技巧，海明威的大黑狗慵懶的躺在他身邊，他一邊撫摸著大黑狗，一面看瑪莎寫的一些片段，然後說：「寫作時不要思考過多，想到什麼就順著思想在紙上寫下來，然後再大量修改，那時候就要捨得刪除不好的段落。」

瑪莎頻頻點頭，這確實是海明威的寫作方式，他非常重視改寫，有時候花了七個月寫的小說，他要花五個月來改寫，有時候改寫一、兩百遍才滿意。瑪莎為了寫這本書到過德國，後來因為納粹的掌權，她就回來了。這本書的資料基本上已經齊全了，

只剩下如何寫了，她希望在海明威的指導下，這本書出版後也能成為暢銷書。

這時候，她聽到外面有石子敲打樹幹的聲音，大黑狗汪汪吠叫起來，他們往窗外一看，只見牆外頭一群古巴孩子嘻嘻哈哈，正在丟石頭打芒果樹上的芒果，樹葉和青芒果掉了一地。他們一走出去，孩子們便一哄而散，海明威逮住一個年紀最小的孩子，用西班牙語問他：「你們為什麼要丟石頭？」

那小朋友幾乎要哭了，結結巴巴的說：「我們不是要偷吃芒果樹上的芒果，是為了練習打棒球。」海明威笑起來，這理由很奇怪，姑且相信吧，他說：「我不在乎你們拿走芒果，但是卻不希望你們傷害我的芒果樹。如果是為了練習打棒球，我可以送給你們球棒、球衣和棒球，以後不要再

打我的樹了，好嗎?」

　　小孩子喜出望外，一溜煙跑回去告訴球隊這個好消息，不久後，海明威果然送給他們一人一套球衣、球棒與棒球，他們的教練為了感謝海明威的慷慨，就把球隊取名為「奇奇明星隊」，奇奇是海明威最小兒子葛里哥來的小名。當地的古巴人因此很敬愛海明威。

　　1939 年第二次世界大戰爆發了，導火線是第一次世界大戰後的「凡爾賽條約」。條約中把戰爭的責任完全推給德國，巨額的賠償金德國根本付不起，而且割地給波蘭，使德國領土分裂，德國人心不服，希特勒趁機煽動德國人的愛國情緒，大規模整軍經武，企圖征服歐洲。

　　那年 9 月，德國進攻波蘭，勢如破竹，到了第二年 6 月，已經占領了波蘭、丹麥、比利時、

盧森堡、荷蘭、挪威與法國，義大利宣布與德國結盟，希臘和北非也捲入戰爭，德軍開始進攻蘇聯。這時，日本也正在太平洋地區侵略中國，以及東南亞許多國家，包括菲律賓、新加坡、香港、泰國等，更於 1941 年偷襲夏威夷珍珠港，美國本來持中立的態度，這時全國人民群情激憤，於是，美國政府宣布參加第二次世界大戰。德國、義大利和日本成立軸心國，英國、中國、美國和蘇聯成立同盟國，全世界其他國家也紛紛加入。

1942 年，盟軍開始反敗為勝，在北非和蘇聯及太平洋地區制止了軸心國的攻勢，1943 年登陸義大利，1944 年登陸法國，1945 年進入德國，5 月德國投降，美國在日本投下兩顆原子彈，日本終於在 1945 年 9 月投降。

這次世界大戰比第一次世界大戰傷亡更慘重，因為遭到戰火波及的地區更廣泛，武器更精密，殺傷力更大，還有原子彈的使用，全球戰死的軍人超過一千七百萬人，還有無法計算的平民老百姓。戰後，世界的局勢改觀了，歐洲沒落，美國和蘇聯兩個強權興起，共產主義正在迅速蔓延。

這場史無前例的慘烈戰爭，海明威和瑪莎豈能錯過採訪的機會呢？瑪莎於 1941 年 1 月向《庫利爾雜誌》提議到遠東採訪，那時候中國抗日戰爭打得十分激烈，國共戰爭也在進行中，雜誌社同意了。瑪莎很興奮的邀海明威一起去遠東採訪，海明威喜歡冒險，有戰爭的地方對他都很有吸引力，於是答應同去。

美國政府知道以後，立即和他連絡，要他替美國政府搜集有

關國共關係的資料，寫一些調查報告，紐約一家報紙也請他當記者，寫一系列報導，包括中日之戰、國共戰爭、美國與日本是否可能開戰、日本和蘇聯的關係等等，海明威都答應了。

他們於2月間搭船抵達夏威夷，再搭飛機抵達香港，在那裡停留了一個月。在香港，他們住在銅鑼灣的豪華旅館中，到處是好吃的餐館，人們豐衣足食，跑馬場照常賽馬，足球賽、橄欖球賽經常舉行，絲毫看不出戰爭的痕跡，很難相信中日戰爭已經持續四年。

他們設法和各方人士交談，以了解中國戰局。結果認識了一位英國人，他會說流利的廣東話，當過孫中山先生的保鏢和廣東省的警察廳長，對中國的情形知道得很詳細，還介紹海明威夫婦認識孫中山的遺孀宋慶齡。

3月初，他們乘飛機從香港到廣東，然後搭汽車，風塵僕僕到了韶關第七戰區。當時中國有八個軍區，他們選擇第七軍區，主要是因為當時他們正在和日本精銳部隊作戰，海明威和瑪莎準備對這個部隊從上至下，做一系列的採訪報導。第七軍區司令親自接待，午餐後，為他們詳細分析軍事情勢，步行陪同他們到前線參觀，然後乘坐一艘破舊的汽船沿河而下，再改乘舢板船，然後騎著矮小的蒙古小馬到各處參觀。

那時候正是梅雨季節，幾乎天天下雨，衣服總是不乾，海明威常和中國軍官們坐在室內喝米酒，研究軍事地圖。在這一個月內，他們跟著部隊生活，對於第七戰區的印象是，防禦能力很強，生活條件極差，醫療設備也極差，但是士兵都能吃苦耐勞。

　　瑪莎抱怨說這裡又窮又髒，衛生差，旅館裡到處是臭蟲，她受不了了，要海明威帶她走，海明威倒是不以為苦，聽說浸泡了蛇的米酒可以滋補身體，他也跟著中國軍人一起喝，並且說要帶回去送給朋友們。

　　有一天，中國的將軍問海明威：「英國人對中國步兵的評價如何？」

　　海明威喝多了酒，大發酒性，模仿英國人說話的神情和口音說：「中國人不錯，可是中國人不會打仗，我們不能指望中國人會打勝仗。」

　　「真是太有意思了，」中國將軍說：「讓我告訴你一個中國故事，你知道英國的參謀們為什麼只用單片眼鏡？」

　　海明威說：「我不知道。」

　　中國將軍說：「他們戴單片眼鏡是因為他們不願意看到更多的

事『實』。」

海明威說：「我見到他們時，一定轉告。」

中國將軍說：「太好了，請務必告訴他們，這是中國人說的。」

不久之後，他們坐飛機前往陪都重慶。重慶是山城，每年9月到隔年3月是霧季，能見度很低，日機轟炸較少，但是處處都可以看到被飛機轟炸的痕跡，這裡的物質條件比前線韶關好多了，海明威夫婦可以好好洗個熱水澡了。當天蔣委員長接見他們，由蔣夫人宋美齡擔任翻譯，共進午餐後，長談了一個下午，他們也見到許多國民黨的高層官員。海明威的觀察是，中國雖然正處於戰爭時期，人民的自由受到一些限制，但是民主思想依然存在，中國還是有希望的。

這段期間，中共透過祕密管道也和他們連絡，安排他們與周

恩來會面。國共雙方都希望極力爭取他們夫婦的支持，傳達給美國有關中國內戰的真相。

海明威夫婦到成都參觀軍校，看到十分現代化的設備，辦事極有效率，充滿嚴明的軍事紀律。他們也看到中國人用眾多的勞力解決問題，譬如八千名工人用手工建築運輸機機場的情景，加深了他對中國貧窮落後的印象。4月中旬，海明威夫婦結束訪問，離開成都前往緬甸。他們先乘飛機去昆明，那裡每天都遭日機轟炸，許多橋梁被炸毀，可是勤奮的中國人好像不知道勞累，迅速的修復，以便恢復交通，令他印象深刻。

他們經過滇緬公路安然抵達緬甸仰光，再轉機到香港。瑪莎繼續飛往雅加達與馬尼拉採訪，海明威則回到美國。回去以後，海明威寫了六篇關於中國抗戰的

報導發表，也寫給美國政府一份國共關係的詳細報告。他的觀察是中國終將落入共產黨的統治，美國也可能對日本宣戰，這些都被他說中了。他寫完了報導，一人住在家中，感到十分寂寞，心中想著瑪莎什麼時候才回來呢？她為什麼把工作看得比他還重要呢？

8 是誰先進了
巴黎城？

　　海明威和瑪莎都是個性很強的人，最初他們相處得還不錯，但是，後來問題卻開始慢慢浮現。瑪莎非常看重自己的事業，不像海明威以前的兩位太太那樣，完全犧牲自我，把海明威放在第一位。她酷愛記者工作，常常到世界各地採訪重要新聞，把海明威一人留在古巴的家中。他覺得又寂寞又委屈，她回家後，他就大發脾氣。她很愛乾淨，但海明威帶回家來的朋友，總是穿著隨便，吵吵鬧鬧，飲酒作樂，把家裡弄得一團糟。

　　1941 年 12 月，美國宣布加入第二次世界大戰，瑪莎希望前往歐洲戰場採訪，邀請海明威一同前去，就像他們當初一起採訪西班牙內戰、中國抗日戰爭一樣，

但是出乎她意料，這次他卻拒絕了。他說寧願留在古巴，在這裡一樣可以參與世界大戰。他想出一個怪招，向美國政府提議，在古巴成立反情報單位，讓納粹在古巴的間諜曝光，結果居然被批准了。他招募了六個全職的情報員和二十個間諜，這些人都是古巴黑社會的賭徒和流氓，取名為「惡棍工廠」。一年後，他厭倦了，又想出另一個怪招。

在一望無際碧綠的加勒比海上，有一艘捕魚船從早到晚經常出現，船上有個大鬍子美國人，像指揮官似的，用西班牙話指揮著一群古巴人，他們看起來都像是漁夫，但是卻不打魚，只是四處張望著，好像在等待著什麼東西出現。有時候遠方出現一點影子，他們就神經兮兮，大呼小叫，瞎忙一陣，好像要應付海盜似的。船上裝載的東西也不尋

常，除了喝的水和釣來充當食物的魚兒外，只有機關槍和手榴彈等軍用危險品。原來，這是海明威和他的偵測隊在古巴海域巡邏！

他向美國政府建議，他有一艘漁船「碧拉號」，可以幫忙美國偵測德國潛艇，當德國潛艇浮出水面時，他們就丟手榴彈去炸燬潛艇。這種天真的構想一般是不會被官方接受的，但是他那麼熱心，又是著名作家，美國政府答應了，提供他武器和費用。於是海明威找了一些古巴漁民和他的兩個小兒子一起上「碧拉號」，天天出海，注意海面上有沒有德國軍艦出現。實在無聊了，就練習丟手榴彈，就像他小時候玩打仗遊戲似的。在海上巡邏了兩年，什麼事也沒發生。

1944 年初，瑪莎從戰地回家，海明威對她大發脾氣，告訴

　　她，他改變主意了，要去戰場採訪。當時許多報紙和通訊社都搶著給他機會，但是他偏偏挑選了瑪莎工作的《庫利爾雜誌》，由於每家媒體只能有一名戰地記者，瑪莎的戰地記者工作就被海明威擠掉了。她非常生氣，但是仍然不屈不撓，準備去前線採訪，他們到了紐約，海明威搭乘一架專門為他準備的飛機前往歐洲，也不邀請自己的太太瑪莎同機，結果瑪莎只好搭上一艘運送炸彈的貨船前往歐洲，提心吊膽了十七天才到達倫敦。

　　她一上岸，立刻就被記者們圍住了，問她對海明威的車禍有什麼看法，原來海明威酒醉駕車出了車禍，頭撞進了擋風玻璃，頭皮破了，縫了五十幾針，膝蓋也受傷了，瑪莎一點也不知道。她趕到醫院去看海明威，發現他的病房裡滿地空酒瓶，滿屋子酒

臭味，她火了，心想八成又是他那群酒友違反醫院的規定，偷偷運進來給他喝的。她忍無可忍，對他說他們的婚姻就此結束了。這還是第一次有女人主動跟他分手，但是海明威並不傷心，因為他到了倫敦後，已經主動追求《時代雜誌》的記者瑪莉‧威許，第二次見面時便向她求婚了。瑪莎沒注意到，病房的桌子上擺了一瓶鮮花，那是瑪莉來探病時送給海明威的。

這時候，海明威最關心的是，他是否能在聯軍進攻法國時出院，到現場去採訪。他不顧一切在6月6日聯軍諾曼地登陸那天，搭上運輸船到前線，後來他誇口說，如果不是他對當地的地形仔細研究過，提供給當地的指揮官，聯軍根本找不到進攻的海灘。他又說，他和軍隊一起上岸，按理說戰地記者是不准這樣

做的。他最不服氣的是，瑪莎竟然在他之前到達法國，而且在 6 月 7 日登上紅十字會的船，在上面照料傷兵，並且採訪新聞。

由於他頭部的傷還沒有痊癒，所以直到 7 月底才加入軍隊，不久後又發生了一次車禍，頭部和腎臟受傷，真是禍不單行。有好幾個月的時間，他經常頭疼、視力模糊、耳鳴、說話緩慢。但是他還是非常希望參與戰事，密切注意戰事的發展。

當他聽到聯軍宣布準備在 8 月份收復巴黎時，便迫不及待坐著巴頓將軍為他準備的吉普車南下，他希望探聽到底是哪個部隊負責光復巴黎，他就設法跟進。在巴黎南方三十里的小鎮，據說德國軍隊埋了地雷，海明威領了一個八人巡邏小組去巡察，沒有發現德國軍隊，但是聽到當地人說不遠處有八百多名德軍，還有

大炮及坦克車，於是他們鋪設地雷防止敵人反撲。他替偵查隊爭取到更多的武器裝備，並且在一家旅店租了兩間房間當作指揮部，與法國游擊隊聯繫。由於聯合國日內瓦會議規定戰地記者不能攜帶武器，海明威要求當地的指揮官給他一個命令，證明他有權指揮游擊隊，於是他開始在郊區巡邏了。

不久，聯軍宣布光復巴黎的任務交給法國雷克勒將軍屬下的第二裝甲師，大批記者紛紛來到這裡採訪。記者們發現海明威早已到了，正率領著一個游擊隊在巡邏呢！他是戰地記者，不戴記者徽章，也不給通訊社發稿子，他的房間牆壁上貼著軍事地圖，處處放著地雷、步槍、手榴彈和手槍，簡直像軍火庫一樣，他們大聲抗議，說海明威嚴重違反日內瓦會議的規定，他卻不當一回

事。

他繼續和游擊隊在這個小鎮巡邏，他是天生的游擊隊員，十分勇敢，善於收集各種情報資料，也預先做好隨時被突擊的準備，所以越來越多的人加入他的游擊隊伍，他也得到軍方配給的步槍與手榴彈。他們的主要任務是提供巴黎和鄉村之間的情報給雷克勒將軍。

8月24日上午，法國第二裝甲師開始向巴黎進軍，一大早，海明威帶著游擊隊走小路，輕易超越雷克勒將軍緩慢移動的坦克車部隊，沿著曲折的公路前進，一路上沒有遇到什麼危險，順利抵達巴黎。法國軍隊也因為美國提供的情報，避開危險地區，隨後到達。巴黎的道路上除了橫倒的大樹，被拋棄的車輛等路障外，只有德軍堆積的彈藥正在燃燒，不時發出爆炸聲。巴黎市民

已經知道法軍進城了，街道兩旁的住家紛紛懸掛國旗，人們跑出來歡呼，雖然偶而還有一些小規模的德軍在做最後的抵抗，但是巴黎已經光復在望了。

有關海明威進入巴黎城的傳言很多，有人說歷史上記載光復巴黎的是雷克勒，事實上，海明威和他的一群手下比雷克勒還早一步進入巴黎。當雷克勒進城的時候，他看到一家教堂的門口貼著標語，說這是「海明威的財產」。真正能夠證實的是，海明威穿著軍服來到「莎士比亞書店」和老朋友們見面，巴黎被占領的期間，書店關門了，現在巴黎光復了，他和畢奇高興的合照，並且在以前送給畢奇的書上再度簽名，寫下 1944 年 8 月的日期，法國報紙特別刊登這則消息和照片，宣稱他是「刀槍不入的英雄」。

　　他正在得意洋洋的時候，傳來了戰地記者們控告他的消息，他們說他違反聯合國日內瓦會議的規定，以戰地記者的身分，攜帶武器上戰場。他必須上法庭交代，從 1944 年 8 月 18 日至 25 日，他在巴黎郊外的小鎮究竟從事哪些活動，他房間裡那些反坦克手榴彈、地雷、反坦克火箭炮和各種小型武器又作何解釋，房間牆上掛著地圖也很可疑。如果罪名成立，他有可能被取消戰地記者資格，遣返美國，那可是大大沒面子的事。

　　第二天，海明威答辯說，他不是故意不戴戰地記者的徽章，而是因為天氣太熱，他脫下別了戰地記者徽章的外衣，至於牆上掛了地圖和參加巡邏，都是為了收集資料，以便替雜誌社寫文章，而房間裡存放武器彈藥，是為了提供游擊隊員方便，可以快

速採取行動，最後他說，他的任務只是把聯軍的消息傳給法國游擊隊，因為他會說法語。不久以後，案件審理完畢，軍方宣布海明威無罪，讓他繼續留在歐洲戰場採訪。

9 親愛的，
我得到那東西了！

　　1945 年，第二次世界大戰結束，德國的暴君希特勒自殺而死，義大利的獨裁者墨索里尼被處決，美國在日本投下兩顆原子彈，日本無條件投降，侵略中國的八年戰爭終於結束，世界恢復了和平。

　　這時候，許多文學大師也相繼去世，如葛楚·史坦、舍伍德·安德森、喬伊斯、費茲傑羅、維吉尼亞·吳爾芙等，詩人龐德則被美國政府關起來了。海明威回到古巴，繼續過以前的日子，喝酒、釣魚，他以前參加第一次世界大戰時，寫出《戰地春夢》和《太陽依然升起》兩部傑出的小說，參加西班牙內戰後，又寫出《戰地鐘聲》這部傑作。第二次世界大戰時，他當戰地記

者，搞得轟轟烈烈，參加游擊隊，還獲得美國政府頒發的銅質勛章，讀者都在等待他寫出和這次戰爭有關的小說，但是等了好久，卻沒看見新作品問世。年輕的作家們試著用新的技巧來傳達第二次世界大戰帶來的影響，這個蓄著絡腮鬍，被大家暱稱為「爸爸海明威」的文學家好像已經和新的文學潮流脫節了。

1945 年瑪莎和他離婚了，第二年他和瑪莉結婚，他在古巴芬卡的大房子有了新的女主人。瑪莉把這裡好好整理一番，布置得舒適漂亮，她喜歡熱鬧，常常開宴會邀請朋友來玩。雖然她有時候也不能忍受海明威的唯我獨尊和壞脾氣，但是她決定順從他，做他的好伴侶，好好照顧他。

1948 年，海明威和瑪莉到威尼斯旅行，認識了一位十九歲的義大利女郎安‧崔雅娜，她出身

名門，有很高的文學藝術修養，和海明威很談得來，他們一直保持通信許多年，後來她還到古巴拜訪海明威夫婦。瑪莉看得出來，海明威雖然收她為乾女兒，事實上已經愛上這位年輕女郎了，但是她一點也不動聲色，她知道這位年輕女郎把海明威當父親看待，不會有問題的。

這段經驗卻成為海明威創作的泉源，他發現自己又能創作小說了。1950 年寫完《過河入林》這本長篇小說後，他寫信告訴崔雅娜:「妳讓我又恢復了寫作的能力，我永遠感激妳。我已經完成這本書，主角就是以妳為藍本。我現在要為妳寫另外一本書，這會是我最好的一本書，一個老人與海的故事。」

《過河入林》的出版距《戰地鐘聲》出版已經十年了，這是關於一位中年男人和一位年輕女

伯爵的故事。李察‧坎維是個職業軍人，經歷過第一次世界大戰、西班牙內戰和第二次世界大戰。他回到最愛的城市威尼斯去打獵，和十九歲的愛人共渡假期，她是義大利的一位女伯爵。李察已經接近生命的盡頭，在這次假期中，他回顧過去的一生，有許多關於戰爭與愛情的思考，還有對威尼斯風光的描述。這本書出版後，書評家和讀者的反應都很差，連崔雅娜也批評說，女主角是海明威自己想像出來的女人，一點也不真實，大家都認為他江郎才盡了，但是他們都錯了。

1951 年，海明威的母親和第二任妻子寶琳先後過世，他自己的健康也開始衰退了，他感到悲傷，感嘆生老病死的無常，但是從不認輸的海明威沒有放棄希望，他要寫出更好的作品，他還

要再去非洲薩伐旅，再到西班牙去看鬥牛。

這段期間，他正在寫一部鉅作《灣流中的島嶼》，內容包括大地、海洋和天空。他寫得很辛苦，寫作的泉源似乎快要乾涸了，只有最後的尾聲寫得十分順利，很快就寫完了。這是多年前他聽到的一個古巴老漁夫和大魚搏鬥，卻空手而回的故事，早已在他腦海中醞釀成熟，寫起來像流水似的順暢。

瑪莉幫他的文稿打字，覺得《灣流中的島嶼》內容平凡，但是當她看到這篇〈老人與海〉的故事時，興奮不已，她知道這是一篇傑作，是海明威等待已久的經典之作。當海明威聽到瑪莉的評論後，他請教了一位教授的意見，教授極力讚美這是難得的傑作，於是海明威決定把這篇作品當作小小說出版。

　　〈老人與海〉在 1952 年 9 月的《生活雜誌》一次刊登完畢，早在 8 月時，海明威就等不及了，一直打電話問《生活雜誌》他是否可以先睹為快。9 月 1 日那天，在紐約時代廣場，許多人等著買最新一期的《生活雜誌》，爭看海明威最新的作品，結果兩天之內，五百萬份雜誌全部賣光，這一期的封面人物就是「海明威」。〈老人與海〉推出後，果然佳評如潮，不但讀者喜歡，文學評論家也推崇這是經典之作。

　　〈老人與海〉的故事內容非常平淡，一個名叫聖地牙哥的古巴老漁夫出海打魚，他已經連續八十四天沒有捕到一條魚了，那天他終於釣到一條巨大的馬林魚，但是因為太大了，無法放在船上，只能綁在船沿上拖著走。頑強的大魚拒絕認輸，拖著老人

的船在海洋中跑了兩天兩夜。老人的一隻手臂受傷了，他用另一隻手臂拚命和大魚周旋到底。他有時候抓一條小魚來吃，維持體力，最後大魚終於停止搏鬥了，但是卻引來了一群鯊魚，窮追不捨，前來嚙食大魚，這時老漁夫早已經筋疲力盡了，卻要和鯊魚群搏鬥，趕走牠們，保全自己辛苦得來的收穫。當他終於回到岸邊時，大魚只剩下一個魚骨頭架子。老漁夫辛苦了三天卻得到這樣的結果，讓人同情，但是他堅持到底，不輕易放棄的精神，更贏得讀者的尊敬。

很多評論家覺得這個故事有象徵意義：人生的苦難是不能預料的，但是人們可以學習老漁夫的堅強毅力和不認輸的精神。這樣一個平淡的故事，海明威憑藉著多年深海釣魚的經驗，以及對魚類的充分認識，以簡潔有力的

文字，成功的描寫出老人與大魚在海上搏門的細節，而老漁夫不放棄的堅毅精神，更帶給讀者極大的震撼。書中有句話後來成為名言：「人可以被毀滅，但是不可以被擊敗。」

《老人與海》單行本緊接著出版了，並且在第二年獲得 1953 年普立茲獎，電影界搶著拍成電影，而更高的榮譽還在後頭呢！

海明威盼望再到西班牙看門牛，到法國拜訪老朋友，到非洲去狩獵，順便看看二兒子派翠克。派翠克從哈佛大學畢業後，受到父親的影響，也喜愛打獵，現在是非洲薩伐旅營區的一名白人獵手了。在這以前，海明威還必須參與《老人與海》的電影拍攝工作，這部電影由著名的明星史本賽‧屈賽演老漁夫，海明威的工作是讓電影導演和演員熟悉大海釣魚的真實情況，拍出來才

逼真，他甚至自願去釣一條大馬林魚讓他們拍片，結果他們還是用了一條假魚。

1953 年 5 月，海明威夫婦動身到法國和西班牙去。《生活雜誌》特別請他寫一系列文章談這次的狩獵，並且派一位攝影師同行。他們帶了五十多件行李，因為這次旅行長達幾個月。二十年前陪同的白人獵手波西瓦已經退休了，但是在海明威的堅持下，他答應再度出馬，陪同他們狩獵。

他們在薩伐旅營區安頓下來，就像以前一樣，白天打獵，晚上圍著營火烤肉和談論非洲當地的傳奇故事，一切都很順利，直到 1954 年 1 月，意外事件接二連三的發生了。

海明威送給瑪莉一件遲來的聖誕禮物，他租了一架飛機，帶她去鳥瞰非洲的風景，仔細看看

那些美麗的湖泊、山崖和瀑布。瑪莉果然喜歡極了，連聲讚美，照相機卡擦卡擦照個不停。為了讓瑪莉盡情的拍照，駕駛員特別讓飛機低飛，這時卻碰見一群大鳥迎面飛來，駕駛員趕緊閃避，卻把飛機的螺旋槳弄彎了，必須把飛機降落在山谷中。他們往下一看，一邊是泥潭，有幾隻鱷魚正在晒太陽，一邊是大象經常路過的樹叢，駕駛選擇降落在樹叢中，幸虧沒有人受重傷，然後駕駛用雷達系統送出求救的信號。

那天晚上，他們置身烏干達的深山之中，聽著森林中野獸的叫嘯聲，難以入睡。終於天亮了，河流上出現一艘白色的大船，船上載滿了觀光客，船主不願意載他們，海明威好說歹說，答應給他們一大筆錢，他們才同意了。

大船到了目的地，有位駕駛

員說他可以開另一架飛機載海明威夫婦去醫院檢查身體。結果這架飛機在起伏不平的跑道上，像一隻蚱蜢似的，先輕輕飛起，又落下，再飛起，又落下，始終無法離開地面。不久，窗外燃起了火焰，他們想開門逃出去，卻發現飛機門打不開，情急之下，海明威用頭猛撞機門，機艙門總算開了，他們都逃離了飛機，但是海明威的頭部已經嚴重受傷，頭皮破了，皮膚也嚴重燒傷，肝臟、腎臟、脊椎骨都受了傷，聽覺暫時喪失，一隻眼睛暫時失明，真是慘不忍睹！

他們租了一輛汽車去醫院，在路上瑪莉趕緊打電報給家人報平安，家人們喜出望外，原來駕駛的求救信號讓人們誤以為海明威夫婦已經墜機身亡了，全世界的媒體爭相報導，家人們以為他們已經死了，瑪莉一通電話，讓

真相大白，親友們不禁喜極而泣。

　　海明威住在醫院裡療養時，收到許多人寄來的賀函，慶幸他死裡逃生，他讀著報導他死亡的消息，覺得十分有趣，幸好都是好評，否則他真會氣死。傷勢剛剛好些，他又忍不住去狩獵和釣魚，有一天樹叢失火，他勇敢的衝去滅火，結果全身再度被燒傷。瑪莉堅持他不可以這麼任性了，要他先到義大利威尼斯去養傷，然後回美國靜養。有好一陣子，他乖乖聽話，每天生活規律，飲食正常，不再酗酒，天天游泳運動，盡量不費神寫作。

　　1954 年 10 月底的一個清晨，海明威跟往常一樣，一大早起床，忽然電話響了，從聽筒那一端傳來了好消息，他得了諾貝爾文學獎，這是作家能得到的最大榮譽。他高興得走到臥房，叫醒

瑪莉，跟她說:「親愛的，我得到那東西了！」

瑪莉睡眼惺忪，一時沒會過意來:「什麼東西啊?」她突然想起應該是諾貝爾文學獎吧！在這以前，報章媒體早就在揣測海明威會是這一年的得主，這個時刻終於來臨了，她高興得跳起來和他擁抱:「謝天謝地，你得到諾貝爾文學獎了！」

海明威得意的點點頭，他將會得到三萬五千元的獎金，但這不是最重要的，他最開心的是他一生努力於寫作，終於得到最高榮譽的肯定。

得獎的消息公布後，賀函如雪片一樣飛來，編輯和作家要求採訪他寫報導，老朋友前來恭喜他，不認識的人也想來看他長什麼模樣。最初他接受一些訪問，後來拒絕了，這些事情占去他太多時間，他沒辦法專心寫作，對

他而言，寫作才是最重要的事。

自從墜機以後，他的身體還沒有完全復原，脊椎骨受傷，他經常背痛，血壓高，頭髮也全白了，比以前衰弱多了。他決定不去瑞典參加諾貝爾獎頒獎典禮，寫了一篇演講詞，請美國駐瑞典大使代為領獎宣讀。演講詞是這樣的：

瑞典學術院的諸位委員，女士們，先生們：

我一向不善於演說，對於演講辭令也沒有多少掌握，謹在此衷心感謝諾貝爾委員會的各位委員慷慨的頒獎給我。

凡是知道比自己偉大的作家都沒能榮獲此獎的作家，都會滿心謙卑的接受這項獎勵。這些作家的大名我也不必在此一一提出。相信在座的每個人都可以根據自己的知識和良心開

列出一張名單來。

　　我知道，要求我國的大使在會中宣讀一篇能充分表達作家內心的講稿是不可能的。一個人寫的東西不一定能立刻被別人領會，幸運的話或許也辦得到，但是最終總會十分清楚。根據這些情況和作者本身的才華，他或能流芳百世，或者根本就被人們遺忘。

　　寫作，在最好的情況下，仍是一種孤獨的生活。作家組織也許可以減輕作家的寂寞感，但是我懷疑這樣能提高他們寫作的品質。當一個作家拋開孤獨，增加公眾生活，他的作品常常就變差了。作家的寫作是單獨進行的，如果他是一位夠好的作家的話，他每天都必須面對永恆與否的問題。

　　對一位真正的作家而言，每一本書應該是一個新的開始，

他要再度嘗試寫那些從來沒有被達到的東西。他永遠應該嘗試他沒有寫過的東西，或者別人嘗試過卻失敗的東西。然後有朝一日，運氣好的話，他就會成功。

如果，只是把人家寫得很好的文學作品，用另一種方法重寫，那很容易。因為在以前，我們已經有很多偉大的作家，作家應該超越過去，遠遠到達別人不能幫助他的地方。

身為一個作家，我已經說得太多了。作家應該寫出他要說的話，而不是說。再次感謝。

這是海明威文學生涯的最高峰，他一生對寫作的執著努力已經獲得了世界的肯定，然而「夕陽無限好，只是近黃昏」，他知道自己的健康已經大不如以前了。

10 太陽下山了

　　1955 年，他的健康狀況不佳，情緒也不穩定，常常發脾氣。他對《老人與海》的電影製作感到不滿意，常和電影工作人員吵架。他寫了幾篇短篇故事，也總是感到不滿意，他喜歡和其他著名作家如福克納及史東比較，看誰是最好的作家，誰最受歡迎。有一次在去歐洲的船上，海明威和史東相遇，史東開玩笑的指出，船上的書店擺出九本他的作品，海明威的作品卻只有三本。海明威立刻去找書店經理詢問，第二天，他和史東各有六本書陳列在書店中，好強的海明威暫時贏回了面子。

　　然而，他內心深處最害怕的事——體力和腦力的衰退，還是逐漸浮現了。第二年他回到西班

牙，替《生活雜誌》寫鬥牛專輯。除了觀看每場鬥牛比賽，他又開始放縱自己，每天坐在酒店裡大量喝酒，談天說故事。不久之後，他回到法國，意外的有一大收穫。在麗池酒店的地下室，有人發現兩大箱他當年的衣物、書籍、筆記本以及打字的文稿和剪報。他如獲至寶，這些東西記載了他當年在巴黎的歲月，他一直拒絕別人為他寫傳記，現在他決定自己動筆來寫早年的回憶錄了。這年他五十七歲，看起來卻像六十七歲一樣蒼老。回到古巴後，他聽從瑪莉的勸告，戒酒，定時吃控制高血壓的藥，過著規律的生活。

1957 年，詩人龐德被美國政府以叛國罪起訴。一群著名的作家到華盛頓向美國政府請願，籲請釋放龐德，這群作家包括名詩人艾略特和羅伯‧福斯特等人。

海明威身體不好，無法去華盛頓聲援，但是他想起當年在巴黎得到龐德多少的提攜幫助，義不容辭的寫了一封長信，堅決表示龐德是個詩人，絕不是叛國賊。最後，美國政府決定放棄這項起訴，釋放了龐德。

　　這年秋天，海明威回到北方艾達荷州太陽谷附近的住所，繼續療養，同時寫他的早年自傳。這本書命名為《流動的盛宴》，涵蓋了他 1921 到 1926 年在巴黎的生活和一些作家、藝術家、學者的描寫，可以看出當時的文化環境和一些趣事。他的筆下有時過分尖刻，譬如說在巴黎時一向照顧提攜他的女作家葛楚·史坦這時已經過世了，海明威批評她說在那幾年跟她的接觸中，葛楚·史坦從來沒有讚美過那些對她作品沒說過好話的作家。他對費茲傑羅的評語也總是集中在他的酗

酒和精神病這兩件事情上。

1958 年，卡斯楚崛起，推翻古巴政府，共產黨開始掌權。海明威認為卡斯楚親西方民主陣營，所以他像以前支持西班牙的左派政府一樣，支持卡斯楚，他們兩人還一起去釣魚飲酒，這些言行引起了美國聯邦調查局長胡佛的關切，密切注意他是否有賣國的嫌疑。二十年來，海明威以古巴為家，現在他開始疑神疑鬼，認為聯邦調查局在調查他，身旁的人都是便衣警察。為了證明政治立場清白，他在艾達荷州太陽谷附近買了一棟房子，準備搬離古巴。不久，芬卡的農莊被古巴軍方闖入，搜索是否藏有武器，他心愛的大黑狗被殺死了，家裡的書畫和帶回來的獵物標本都被沒收了。

1959 年夏天，他到西班牙去觀看最有名的兩大鬥牛士歐東尼

茲和多明吉爭奪世界鬥牛冠軍，並且替《生活雜誌》寫相關報導。世界各地的媒體都前往報導這件大事，也拍攝海明威在現場觀賞鬥牛的照片。鬥牛士紛紛以牛角向他獻禮致敬，大學生圍繞著他，訴說他們的感動，他早期發表的小說《太陽依然升起》仍然感動著比他年輕兩個世代的年輕人，他們認同書中描寫的「失落的一代」。

在西班牙，他度過六十歲大壽，瑪莉花了好幾個星期精心籌備生日宴會，安排各種節目，包括吉他手演奏，西班牙舞蹈，邀請他的好朋友們參加，熱鬧極了。但是事後，海明威不但一句感謝的話也沒說，反而怪瑪莉亂花錢，瑪莉委屈極了，這是她用自己的稿費來籌備的。她很擔心，他現在經常為小事生氣，對她也十分無禮，是不是有什麼問

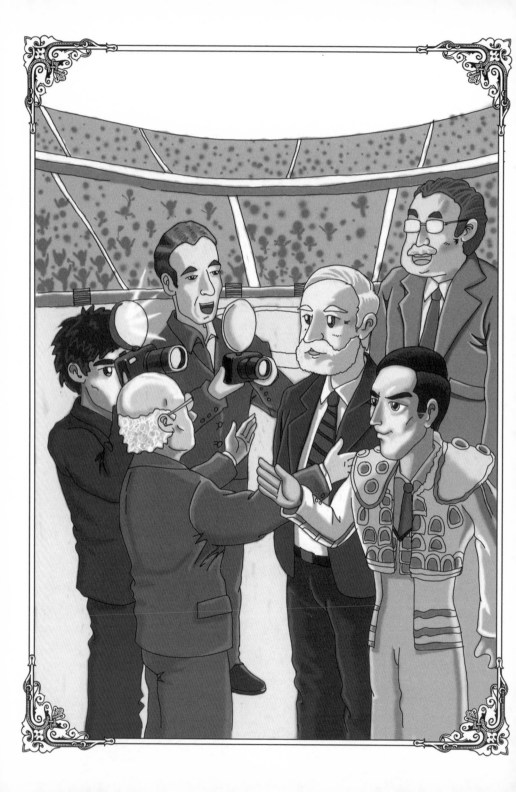

題要發生了？

　　海明威的情緒常跟他的寫作是否順利有關，他回到艾達荷後，開始寫鬥牛系列的文章，他洋洋灑灑寫了七萬字，遠遠超過《生活雜誌》所給的篇幅五千字，他好像沒有刪減的能力，最後由編輯部幫忙刪除了一半以上。1960年，這三篇名為〈危險的夏天〉的文章在《生活雜誌》刊登，深受讀者歡迎。

　　1960年，為了《危險的夏天》出書，他再度去西班牙，這次瑪莉沒有一起去。兩個月中，他開始出現一些精神異常的現象，常常抑鬱不安，懷疑朋友要害他，躲在床上四天不敢出門，完全不是以前那勇猛無畏的海明威了。他回到艾達荷的家中，瑪莉勸他住院接受心理治療，他擔心別人知道，對外宣稱是治療高血壓。

在明尼蘇達著名的梅育醫院，醫生用電擊法治療他，經過兩個月的治療，他的一舉一動和說話好像都恢復正常了，醫生讓他回家休養。他又恢復每天早上的寫作，但是他發現寫作的泉源乾涸了，很久也寫不出一個字來。他的精神憂鬱症已經讓他無法合理的思考了。這對海明威來說是多麼絕望的打擊，他還有好多東西要寫，寫作是他的生命，但是他不能寫了，這等於宣判一個作家的死亡！

外界開始傳說紛紛，他盡量避免在公眾場合露面，連甘迺迪總統邀請他去華盛頓參加總統就職大典，都被他婉拒了。1961年4月的某天，瑪莉發現海明威拿著一把槍站在門口，她意識到不妙，盡量和他說話，拖延時間，等著家庭醫生的到來，醫生來了以後，他們成功的把他的手槍拿

走。海明威又被送到梅育醫院去治療，幾星期後，醫生認為不嚴重了，讓他回家。這時，瑪莉早已經把家中的槍枝收藏在地下室，以防不測。

7月2日星期天的早上，瑪莉還在睡眠中，被一聲槍響驚醒，連忙出來查看，原來海明威已經找到鑰匙，到地下室拿出手槍，在家門口對著自己前額扣下扳機，自殺身亡了。「爸爸海明威」終結了自己多彩多姿的一生，離開了他曾經盡情探險，盡力描寫的大千世界，安息在太陽谷附近。

瑪莉後來把海明威沒有發表的著作，如《流動的饗宴》和《灣流中的島嶼》整理出版，她寫了一本自傳，對於她和海明威的生活有詳細的描述，她在1988年去世。

海明威的大兒子邦比離開軍

隊後，成為股票交易營業員，他的兩個女兒後來成為電影明星。二兒子派翠克從哈佛大學畢業後，在非洲擔任薩伐旅白人獵手。小兒子葛里哥來少年時曾經叛逆，母親寶琳的早死，讓他一度很不諒解海明威，後來他進入醫學院，成為一位醫生。

海明威生前住過和遊玩過的地方，都可以看到他永恆的魅力。許多人到巴黎左岸去走訪當年海明威住過的公寓，寫作的咖啡店，到「莎士比亞書店」留連。在西班牙，因為海明威對鬥牛的熱愛，和暢銷小說《太陽依然升起》，潘普洛納成為著名的觀光地。在佛羅里達的威斯特島，白頭街九百零七號的住宅成為海明威紀念館，每年夏天，無數的觀光客來島上慶祝「海明威日」，一個星期的活動包括釣魚比賽，到 "Sloppy Joe" 飲酒，還有許

多蓄著大鬍子的人前來參加「誰最像海明威」的比賽。在古巴，《老人與海》故事中的小漁村，有一棟海明威大廈，廣場上矗立著一座海明威的銅像，是當年他死後，當地漁民捐贈漁船上的銅片而鑄成的。芬卡農莊和碧拉號都由古巴政府接收管理，售票讓人參觀。

11 海明威
如何寫作

　　海明威對世界最大的貢獻在於他創造了簡潔有力的文體和「冰山理論」，成為許多作家模仿的對象。他認為一座冰山露出水面的只是一小部分，還有八分之七埋在水底，寫作應盡量避免寫讀者已經知道的東西，把它埋在水底，這樣就會強化冰山露出來的部分。

　　他曾經用《老人與海》為例，解釋「冰山理論」。這本幾千字的小小說，他本來可以寫成一千頁那麼長，把漁村裡每個人物都描寫進來，他們怎麼出生，如何受教育，戀愛、結婚、生小孩，怎樣賺錢養家，整個過程都一一寫下來，但是別的作家已經這樣寫過了，而且寫得很出色。他認為，寫作就是要寫別人還沒

有很成功表達出來的東西，所以他要用不同的方法。他把所有漁村的故事和他的釣魚知識都排除不寫，這些是冰山埋在水底的部分。他知道要傳達給讀者的經驗是什麼，所以和它無關的部分都該除去，這樣，讀者就會讀到他要傳達的東西，變成他們經驗的一部分。這樣做非常困難，但是他做到了。他認為自己很幸運，因為知道有這樣一個好老人，這樣一個好男孩，而且當時的作家們忘了世界上還會有這類的事情。還有他那麼熟悉的大海，就像人一樣，也值得描寫。

他非常不喜歡人家問他如何寫作，他覺得不應該讓作家談他如何寫作，人們應該自己去閱讀他的作品，不需要煩勞作家做任何解釋，寫論文來探討更沒有必要。我們閱讀一部好作品，每次都會有新的感受，哪裡需要作家

親自領著去他的作品中觀光，詳加解說呢？

小朋友，當你看完了海明威的一生後，對於他如何成為一代文豪，也許已有了自己的判斷和看法，讓我們試著從他的生平，學習一下，他是如何寫作的？

首先，立志要早。從小時候起，寫作就是他的第一志願，他沒有念大學，直接進入和寫作有關的行業：當記者，既能磨練文筆，又能增廣見聞。他的許多朋友都和寫作有關，包括作家、編輯、書評家、書店老闆、出版商，大家聚在一起，耳濡目染，互相切磋，從中學習到許多相關的知識，建立人脈。

第二，嚴格的紀律。他每天有固定的時間安靜寫作，每天早上六點鐘，他就起來了，這時候最清靜，沒人打擾，天氣比較涼爽，他開始閱讀已經寫好的部

分，然後改寫，接著寫新的，一直到中午，這時腦筋裡寫作的「汁水」還沒有枯竭，知道明天接著要寫什麼，便停下來了。他說，作家好比泉水，重要的是要有好的泉水，而且要規律的取用，不要一次就用光了。下午和晚上，他運動、釣魚、閱讀書報雜誌，盡量不去想寫作的事。雖然一天只花幾小時在寫，但是為了寫出有永久價值的作品，他將寫作當成一份全職的工作，隨時在觀察、閱讀、思考和感受。

第三，大量閱讀經典作品。他永遠在閱讀，包括經典文學作品和當代作品，也看很多的雜誌。他認為文學、藝術和音樂是作家學習的一部分，從這些偉大的作品中，學習如何看、聽、思想、感覺和描寫。對他最有影響的作家包括馬克·吐溫、莎士比亞、福樓拜、托爾斯泰、契訶夫

等，還有音樂家莫札特，畫家畢卡索、塞尚和莫內。他認為好作品讓人百讀不厭，如莎士比亞的《李爾王》，他每年看一遍，馬克·吐溫的作品雖然他已讀得滾瓜爛熟了，他還是喜歡重讀，而且每次都有新的感受。

　　第四，努力不懈，絕不放棄。《太陽依然升起》是他第一部長篇小說，那時候他在歐洲，周圍所有他認識的年輕作家，都已經寫出一本小說了，他卻一個段落也寫不出來，壓力好大啊！他決心選個黃道吉日，在生日那天開始寫這部小說。他沒有書桌，每天坐在床上寫，然後他和太太海德莉出發去馬德里玩，一有時間，他就躲在旅館裡寫，有時到一家啤酒館裡寫，天氣熱了，他們就到另一個城市去，住在便宜的旅館中，面對著一望無際的美麗沙灘，他繼續寫作，然

後回到巴黎的小公寓，完成草稿，全部時間是六星期。他拿給一位小說家朋友看，那位朋友說，這哪裡算小說？更像遊記。但是海明威不在乎，開始一遍又一遍的改寫，結果這本書讓他一炮而紅。後來，他碰上寫不出東西時，就重新閱讀他自己以前的作品，回想當時寫作的時候是多麼困難，而他竟然完成了，這讓他重新得到鼓舞，繼續寫下去。

第五，力求完美。他非常重視改寫，每次寫完一本書的初稿，他會一改再改，直到滿意為止，譬如《戰地春夢》的最後一頁，改寫了三十九遍。稿子打好字後，他又看了一遍和修改，最後出版社的樣稿給他校對時，他再做修正。他為了寫鬥牛和鬥牛士的文章，到西班牙好幾趟，找充分的資料，和鬥牛士交朋友，務求寫得正確。書寫完了，才取

書名，有時候列出的書名多達一百個，他一一一推敲，務必選出最好的。

第六，不平凡的生活經歷。他喜愛冒險，到非洲打獵、到戰場採訪、開救護車、從事深海釣魚、到西班牙看鬥牛，這些不尋常的冒險他都辦到了，提供他寫作時開闊的背景。

第七，富於創造力。一個好作家，不一定要親身經歷一切要寫的事物，他的工作不是描寫，而是創造，誰教過信鴿如何飛回家？誰教過鬥牛要有勇氣？誰教過獵犬如何嗅聞獵物？小說家運用天生的創造力寫作。有的小說有現成的故事當藍本，有的沒有，他就一邊寫，一邊編，自己都不知道會有什麼結果，一天天順著情節寫下去，就變成了故事。譬如他寫《戰地鐘聲》時，對於故事的大要和結局，有點概

念，但是細節是在每天寫的時候想出來的。《雪山盟》完全是編出來的，他從非洲狩獵回來後，寫了《非洲的青山》，內容是這次旅行的見聞。《雪山盟》就是根據這次旅行和見聞編的短篇故事。小說中的角色，有的可能是真實生活中的人物，有的則是根據他對人的了解和觀察想像出來的。

第八，隨時觀察，找尋寫作題材。一個作家如果停止觀察，他就完了，但是他並不需要有意識的觀察，或者想立刻用來寫什麼，這些觀察存入他的腦海中，將來隨著寫作的泉水流出來。有一次，他在餐館中遇見一個女孩子，她剛剛經過墮胎，海明威在回家的路上，一直想著這個故事，當天下午，他就埋頭把這個故事寫下來。

海明威完成了他一生最大的

夢想，成為不朽的作家，他寫出他親身體驗，感受最深的題材——戰爭與愛情，故事的背景包括第一次世界大戰、西班牙內戰和第二次世界大戰，這些戰爭他都在現場參與，然後成為創作，替時代留下見證。他熱愛冒險，包括鬥牛、狩獵、深海釣魚，留下作品記載他對這些運動的觀察和感受。他對寫作的執著，讓人敬佩，他的努力，為後人留下了不朽的著作，這樣的一生真是精彩。

海明威

1899 年	出生於美國伊利諾州。
1902 年	有了自己的釣竿。
1917 年	擔任《堪薩斯明星報》的實習記者。
1918 年	被紅十字會派往西奧戰區開救護車。後至前線遞送補給時，在受傷的情況下英勇救人，獲頒銀星勳章。與艾格絲陷入熱戀，最後無疾而終。
1921 年	與海德莉結婚。12 月下旬，至法國。
1922 年	拜訪詩人伊茲拉‧龐德。
1924 年	出版《我們的時代》。
1925 年	與史考特‧費茲傑羅相識。
1926 年	第一部長篇小說《太陽依然升起》出版，立刻引起轟動。

1927 年　　與第二任妻子寶琳結婚，隔年回到美國。

1929 年　　出版長篇小說《戰地春夢》。

1931 年　　在威斯特小島購屋，第一次有了自己的房子。

1933 年　　到非洲展開薩伐旅。

1935 年　　與瑪莎・葛爾洪相識，深受吸引，與寶琳的婚姻亮起紅燈。

1937 年　　前往西班牙採訪內戰新聞，與瑪莎再度相遇。

1940 年　　出版《戰地鐘聲》。年底，與寶琳離婚，娶瑪莎為妻，定

　　　　　　居在古巴哈瓦那附近。

1941 年　　與瑪莎前往香港、中國等地訪問。

1944 年　　為了到歐洲戰場採訪，與瑪莎鬧意見。

1945 年　　與瑪莎離婚。隔年與瑪莉・威許結縭。

1950 年	出版長篇小說《過河入林》，但反應不佳。
1951 年	母親及第二任妻子寶琳先後過世。
1952 年	在《生活雜誌》上刊登〈老人與海〉，隨即出版單行本。
1953 年	獲得普立茲獎。
1954 年	獲諾貝爾文學獎。
1957 年	龐德以叛國罪遭起訴，海明威寫信聲援，後美國政府放棄起訴。
1960 年	開始出現精神異常的現象。
1961 年	去世。

國家圖書館出版品預行編目資料

愛冒險的酷文豪：海明威／姚嘉為著;左智杰繪.――
初版三刷.――臺北市：三民，2020
　　　面；　　公分.――(兒童文學叢書／世紀人物100)

　　ISBN 978-957-14-4767-4　(平裝)
　　1.海明威(Hemingway, Ernest,1899-1961) 2.傳記
　　3. 通俗作品

785.28　　　　　　　　　　　　　　96009994

世紀人物100

愛冒險的酷文豪——海明威

作　　　者	姚嘉為
主　　　編	簡　宛
繪　　　者	左智杰

發 行 人	劉振強
出 版 者	三民書局股份有限公司
地　　　址	臺北市復興北路 386 號 (復北門市)
	臺北市重慶南路一段 61 號 (重南門市)
電　　　話	(02)25006600
網　　　址	三民網路書店 https://www.sanmin.com.tw

出版日期	初版三刷 2020 年 3 月修正
書籍編號	S781880
I S B N	978-957-14-4767-4